《老照片》

溫情系列・《老照片》編輯部編

走過青葱歲月，
老師的教誨猶言在耳。

我的老師

責任編輯　許正旺
書籍設計　張惠沅

書　　名　我的老師
編　　者　《老照片》編輯部
出　　版　三聯書店（香港）有限公司
香港北角英皇道四九九號北角工業大廈二十樓
Joint Publishing (H.K.) Co., Ltd.
20/F., North Point Industrial Building,
499 King's Road, North Point, Hong Kong
香港發行　香港聯合書刊物流有限公司
香港新界大埔汀麗路三十六號三字樓
印　　刷　美雅印刷製本有限公司
香港九龍觀塘榮業街六號四樓A室
版　　次　二〇一九年九月香港第一版第一次印刷
規　　格　大三十二開（140 × 210 mm）二〇八面
國際書號　ISBN 978-962-04-4403-6

出版說明

「老照片」叢書以「定格歷史、收藏記憶」為旨，引導讀者從照片與相關文字回望歷史；藉獨特的視角，為至今逾百年來中國人民的生活，存留一份溫暖而鮮活的記錄。即使經歷社會變遷，讀者仍能感受箇中細膩的家國情懷。

「老照片：溫情系列」一套共有四種：《我的父親》、《我的母親》、《我的老師》，和《一封家書》。其中《我的老師》收錄的文章，共三十五篇，來自不同著者以學生的角度，通過珍藏照片來回憶往事，或者憶述生平事跡等方式，來追索歷史的蹤跡，並表達對其老師的思念與情意。當中不乏名人名事，如國學大師錢穆、王力，和作家施蟄存、余光中等。

為著尊重原作者，不論原文的編註、補充及改正之處，均維持文章原貌，不作出大幅改動。若內容有誤，或需補充資料之處，僅以註釋形式作校正處理，不致妨礙讀者欣賞文章，共同為美好的回憶致敬。

三聯書店（香港）有限公司
出版部
二〇一九年八月

目錄

開蒙老師吳菱仙

梅蘭芳

我家在庚子年，已經把李鐵拐斜街的老屋賣掉了，搬到百順胡同居住。隔壁住的是楊小樓、徐寶芳兩家。後來又搬入徐、楊兩家的前院，跟他們同住了好幾年。附近有一個私塾，我就在那裡讀書。後來這個私塾搬到萬佛寺灣，我也跟著去繼續攻讀。

楊老闆（小樓）那時已經很有名氣了。但是他每天總是黎明即起，不間斷地要到一個會館裡的戲台上練武功，吊嗓子。他出門的時間跟我上學的時間差不多，常常抱著送我到書館。我有時候跨在他的肩上，他口裡還講民間故事給我聽，買糖葫蘆給我吃，逗我笑樂。隔了十多年，我居然能夠和楊大叔同台唱戲，在後台扮戲的時候，我們常常談起舊事，相視而笑。

九歲那年，我到姐夫朱小芬家裡學戲。同學有表兄王蕙芳和小芬的弟弟幼芬。吳菱仙是我們開蒙的教師。我第一齣戲學的是《戰蒲關》。

吳菱仙先生是時小福先生的弟子。時老先生的學生都以仙字排行。吳老先生教我的時候，已經五十歲左右。我那時住在朱家。一早起來，五點鐘就帶我到城根空曠的地方，遛彎喊嗓。吃過午飯另外請的一位吊嗓子的先生就來了，吊完嗓子再練身段，學唱腔，晚上唸本子。一整天除了吃飯、睡覺以外，都有工作。

吳先生教唱的步驟，是先教唱詞，詞兒背熟，再教唱腔。他坐在椅子上，我站在桌子旁邊。他手裡拿著一塊長形的木質「戒方」，這是預備拍板用的，也是拿來打學生的，但是他並沒有打過我。他的教授法是這樣的：桌上擺著一摞有「康熙通寶」四個字的白銅大制錢。譬如今天學《三娘教子》裡「王春娥坐草堂自思自歎」一段，規定學二十或三十遍，唱一遍拿一個制錢放到一隻漆盤內，到了十遍，再把錢送回原處，再翻頭。有時候我學到六七遍，實際上已經會了，他還是往下數；有時候我倦了，嘴裡哼著，眼睛卻不聽指揮，慢慢閉攏來，想要打盹，他總是輕輕推我一下，我立刻如夢方醒，掙扎精神，繼續學習。他這樣對待學生，在當時可算是開通之極；要是換了別位教師，戒方可能就落在我的頭上了。

吳先生認為每一段唱，必須練到幾十遍，才有堅固的基礎。如果學得不地道，浮光掠影，似是而非，日子一長，不但會走樣，並且也容易遺忘。

關於青衣的初步基本動作，如走腳步、開門、關門、手勢、指法、抖袖、整鬢、提鞋、叫頭、哭頭、跑圓場、氣椅這些身段，必須經過長時期的練習，才能準確。

跟著又學了一些都是正工的青衣戲，如《二進宮》《桑園會》《三娘教子》《彩樓配》《三擊掌》《探窯》《二度梅》《別宮》《祭江》《孝義節》《祭塔》《孝感天》《宇宙鋒》《打金枝》等。另外配角戲，如《桑圓寄子》《浣紗記》《硃砂痣》《岳家莊》《九更天》《搜孤救孤》……共約三十幾齣戲。在十八歲以前，我專唱這一類青衣戲，宗的是時小福，老先生的一派。

吳先生對我的教授法，是特別認真而嚴格的。跟對待別的學生不同，他把大部分精力都集中在我身上，好像他對我有一種特別的希望，要把我教育成名，完成他的心願。我後學戲而先出台，蕙芳、幼芬先學戲而後出台，這原因是我的環境不如他們。家庭方面，已經沒有力量替我延聘專任教師，只能附屬到朱家學習。吳先生同情我的身世，知道我家道中落，每況愈下，要靠拿戲份來維持生活。他很負責地教導我，所以我的進步比他們快一點，我的出台也比他們早一點。

我能夠有這一點成就，還是靠了先祖一生疏財仗義，忠厚待人。吳先生對我的一番熱忱，就是因為他和先祖的感情好，追念故人，才對我另眼看待。

吳先生在先祖領導的四喜班裡，工作過多年。他常把先祖的逸聞逸事講給我聽。他說：「你祖父待本班裡的人，實在太好。逢年逢節，根據每個人的生活情形，隨時加以適當的照顧。我有一次家裡遭到意外的事，他知道了，遠遠地扔過一個小紙團兒，口裡說著：『菱仙，給你個檳榔吃！』等我接到手裡，打開來看，原來是一張銀票。」

當時的科班制度，每人都有固定的戲份，像這樣的贈予，是例外的，因為各人的家庭環境、經濟狀況不同，所以隨時斟酌實際情況，用這種手法來加以照顧。吳先生還說，當每個人拿到這類贈予的款項的時候，往往正是他最迫切需要這筆錢的時候。

1 梅蘭芳贈與貝熙業的照片（1938 年 3 月 26 日）

憶常州府中學堂元博師

錢穆

余十三歲入常州府中學堂，時為清光緒末年之冬季。中學新生共分三班，入學未一週，宿舍才定，校中即出佈告，許諸生自量學力，報考二年級。中學部果育高四級同學七人，全體報名應考，亦囑余參加報名，幸皆錄取。在校未及兩月，即放寒假。明年起，余十四、十五、十六三年，皆在府中學堂，凡三年又三月。記憶最深者，為監督屠孝寬元博師。師武進人。監督即猶今稱之校長。

……

時余童稚無知，元博師尤加愛護。猶憶初應入學試，有一人前來巡視。方考國文課，余交卷，此人略一閱看，撫余肩，謂此兒當可取。初不知為何人，後入學，乃知即元博師也。

時學校規定，每學年試皆發證書，具列本學年各課程，及各任科諸師之姓名，並記各科考試所得分數。由任課教師加蓋圖章，乃由監督署名分發，其事極鄭重。是年考圖畫科，分臨畫默畫兩項，默畫題《知更鳥，一樹枝，三鳥同棲》，教本中有此圖。余伸筆作一長條表示為樹枝，長條上畫三圈表示為三鳥，每圈上部各加兩墨點表示為每一鳥之雙目。所點皆濃墨，既圓且大。同學見余所繳卷，課後大加戲謔，謂余所畫此圓而大之雙目，極似圖畫科楊老師。課室外語，為楊老師所聞，極激怒。余之圖畫科分數遂得零下二厘，尚不到一分。惟學校規定各科平均須滿六十分，才得升級。任何一科分數不足四十分，亦留級。越數日，元博師召余至監督室，戒余每科須平均發展，不得於任一科輕忽。告余今年考試圖畫科得分太低，已商諸師長，可將其他各科得分多者酌減移補。命余立即去楊老師處請罪，求恕。余因言，圖畫科考試不及格罪有應得，監督愛護之意更所感激，惟平日對國文歷史兩課尚知用心，不願將此兩課所得分數減低。元博師面作嗔色，謂小孩無知，可速往楊老師處，勿再多言。余往見楊師，彼已因監督面商，不加斥責。及新證書發下，國文歷史兩科分數果未改動。是可見元博師對余愛護之誠心矣。其他類此事尚多，不備述。

元博師兄弟四人，師居長，太老師屠寄敬山先生，乃當代史學泰斗，著有《蒙兀兒史記》一書，書未成，而名滿中外。其時已退休居家。某一日，已忘以何因緣，得偕三數同學進入元博師之住宅，又得進入太老師敬山先生之書齋。四壁圖書，臨窗一長桌，桌上放數帙書，皆裝潢巨製。座椅前有一書，已開帙，似太老師正在閱讀。就視，乃唐代李義山詩集，字大悅目，而眉端行間朱筆小楷批注幾滿，字字工整，一筆不苟。精美莊嚴，未曾前見。尚有碎紙批注，放在每頁夾縫中，似臨時增入。書旁有五色硯台，有五色筆，架在一筆架上，似臨時尚在添寫。余一時呆立凝視，但不敢用手觸摸。因念敬山太老師乃一史學巨宿，不知其尚精研文學，又不知其已值晚年，而用力精勤不息有如此。此真一老成人之具體典型，活現在余之目前，鼓動余此後向學之心，可謂無法計量。較之余在小學時，獲親睹顧子重、華紫翔諸師之日常生活者，又另是一境界。惜其時年幼，不敢面請元博師給以親瞻敬山太老師一面之機緣，則仍是當時一憾事。

1 （上）錢穆攝於素書樓前

2 （下）錢穆（前排右三）與新亞書院社員們合影

跟陳翰老學外語

徐　方

因旅居海外，遲至六月初才得到恩師陳翰笙先生去世的消息。雖不感到意外，還是傷心至極。眼前浮現出過去跟他學英文的一幕幕，崇敬、感激之情湧上心頭，不禁淚流滿面……

一九七五年，我從外地回北京養病。在此之前，開始自學英語。由於起步晚，又缺乏指導，感到很吃力，水平總也提不高。一天，跟母親一起探望剛從獄中釋放出來的孫冶方伯伯，聽他談起好友陳翰笙正在給一群年輕人輔導英文。母親一聽趕緊問：「能否介紹小女拜他為師？」孫伯伯欣然應允，當即寫了介紹信，並託母親把剛完成的一篇經濟學論文帶給陳翰老，請他提意見。回來的路上，我問母親，陳翰老是誰？她說：「你真孤陋寡聞！他是鼎鼎大名的革命家、外交家、學界泰斗，經歷頗為傳奇——早年留學美國、德國，在社會學、經濟學、歷史學等諸多領域取得了非凡的成就……」

第二天我和母親就去拜訪陳翰老，找到東華門大街三十八號。那是個小四合院兒，房子很舊，院子裡的路坑坑窪窪的。

去之前聽孫伯伯講陳翰老已經八十歲了。由於害青光眼，視力僅剩零點零二，除了能分辨白天黑夜和眼前晃動的人影外，其他什麼都看不見。想像中的翰老是個風燭殘年的老人，可見面後完全出乎意料。他頭腦清晰，談笑風生，說：「我只是眼睛壞了，身體其他部分都沒毛病。」母親把孫伯伯的文章交給他，請他提意見後寄回去，並講了孫伯伯的住址。他說：「知道了。」母親感到奇怪，問為什麼不把地址記下來？他說已經記在腦子裡了。母親大為驚歎，說：「您這麼大歲數了，記性居然如此之好！」伯伯一聽不樂意了，說：「我不算大呀。」他詼諧地指指我，說：「也就比她略大一點兒。」那年我二十二歲。看到伯伯這樣幽默風趣，剛進門時的緊張拘束一掃而光。接著他問起了我的學習情況，說：「待會兒正好有個初級班，你先來旁聽吧。」就這樣，我成了陳翰老的學生。

當時翰老一共教四個英文班，一個初級，兩個中級，一個高級。每班五六個人。我們每週上兩次課。在初級班試聽兩次之後，伯伯說：「根據你的程度，可以進中級班了。」於是我升了一級。

伯伯上課從來不用課本。具體方法是：先讓每個學生提出一個自己感興趣的話題，然後大家舉手表決，選出多數人感興趣的話題。伯伯當即根據這個題目作一篇英文短文。他邊想邊說，我們將其記錄下來。遇到不會寫的生詞，他便耐心地講出拼法。記得當時我們出的那些題目古今中外、五花八門，如：「聯合國秘書長瓦爾德海姆」❶「何香凝畫虎」「陳納德與陳香梅」「天堂與地獄」「關於走後門兒」⋯⋯每當伯伯根據當天的選題口述英

1 圖中本文作者在接受陳翰笙（左）的指導

語短文時，我都為他那淵博的學識、驚人的記憶力感歎不已！接下來他就這一話題組織四個中文句子，讓我們帶回去翻譯成英文。第二次上課時，每個人要把上次學的短文背誦出來，然後伯伯逐字逐句地幫我們修改漢譯英句子。接著又是選出當天的話題。如此周而復始……伯伯解釋說，他之所以這樣教，是因為背誦好的文章可以培養語感，這是學習任何一門語言的捷徑；而通過修改翻譯的句子，能使學生學會如何遣詞造句，用地道的英語表達思想。一次陳伯伯的妹妹陳素雅阿姨談起他的教學，說：「上課時看上去是他考你們，實際上更是你們考他。誰見過哪個老師教英文不用教材，每次都能根據學生出的題目即興寫作的？」

我們的課堂氣氛很活躍。伯伯特別注重民主、平等，每個人都可以發表自己的看法。自從進了這個班，我眼界大開，不但學了英文，還長了許多知識。更重要的是，在潛移默化中，向伯伯學習如何做人。

一次，到了該去上課的時間，可外面卻下起瓢潑大雨。我有些猶豫，不知是否還要去。母親看到後說：「當然得去。陳翰老這樣不辭辛苦地教你們，哪有因為下雨就不去的道理？」於是我撐了把大傘直奔伯伯家。到了之後，發現那天只去了我一個，以為肯定不上課了。剛要告辭，伯伯卻招呼我說：「時間到了，咱們上課吧。」就這樣，他一對一地教我，像往常一樣地認真、一樣地耐心。我心裡暖乎乎的，感動得不知如何是好……

一九七七年秋，國家決定恢復高考。無數被擋在大學校門外的年輕人摩拳擦掌，準備一試。

伯伯要求班上凡符合條件者都要報考。我當時很猶豫，一是想到自己「文革」前只上到小學五年級，後來雖經過一番自學，可總感到各方面基礎太差，一點兒信心也沒有；再者，當時工作單位在蘭州，若參加高考，還得趕回去。一旦考不上，失去在北京學習的機會不說，別人會怎麼看？我跟伯伯談了自己的顧慮。他一聽就急了，直跺腳，說：「這樣千載難逢的機會怎麼會想到放棄？！是不是沒錢買回去的火車票？要是的話，這錢我出了！」我從來沒見過他發這麼大的火，心裡特別不安，趕緊說：「您別生氣，我一定考。」伯伯幫我最終下了決心。

結果我們這個班全體都報了名。考期將至，伯伯決定停課，讓大家全力備戰。最後一次上課，同學們想到今後很可能各奔東西，心裡依依不捨。有人提議搞個告別宴會，馬上得到熱烈響應。伯伯隨即口述了一篇短文，題目就叫 Farewell Party（《告別宴會》）：We are thinking of a farewell party…… 大意是：我們在醞釀搞一個告別宴會。不久之後，班上全體同學都將奔赴考場，希望很快能在北京大學、北京外國語學院、廣州中山醫學院等院校見到我們的同學……（文中提到的幾個學校都是班上同學所報考的——作者注）

兩個多月後，當我接到蘭州大學外語系的錄取通知書時，激動萬分，馬上向陳伯伯報告這個好消息。沒過幾天就收到了他的回信。除表示祝賀外，還附有一張表，上面列出英語班上考取大學者的名單。那年他的學生中有二十人參加了高考，結果竟考上了十八個，且多為重點大學。錄取率 90%。這在當時是相當高的。要知道，那年高考全國平均錄取率僅為 3.4%。

高考徹底改變了我的人生，而我竟險些失之交臂，每當想到這些，心裡對伯伯都充滿了感激之情。

今天回想起來，伯伯當年一定感到非常欣慰。在那個特殊年代，他不甘蹉跎，以義務教授英語的方式貢獻社會。多年來他嘔心瀝血，先後輔導過三百多人，分文不取。

一九八二年初，我畢業回到北京工作。為了進一步提高英語水平，又到陳翰老的英語研修班「回爐」。這個班的程度比當年那個中級班要高多了，學生大多是剛畢業的大學生、研究生，還有一些不同領域的專業人士，如舞蹈家資華筠、社科院美國所所長助理何迪等。

研修班的學習特別有意思。方法仍是每次由陳伯伯口授一篇他編寫的英語文章，我們記下之後回去背誦。文章的內容涉及方方面面，如：「對布哈林的重新認識」「生態保護」「交通阻塞」「國際通婚」「優生優育」等。現在看來，討論這些題目以及伯伯的觀點在當時是相當超前的。每次的家庭作業是寫一篇英語作文，題目任選，下次上課時由伯伯逐字逐句進行修改。我總是急切地盼望上課，渴望學到更多的東西。

這麼多年過去了，我一直跟陳伯伯保持著聯繫。去年春節回北京，聽說他病重，住在協和醫院，趕緊前去探望。病榻上的伯伯處於昏迷狀態，靠呼吸機和鼻飼維繫那虛弱的生命。考慮到自己身處國外，見一次面不容易，而伯伯已一百零七歲，病得又這麼重……於是請他的家人為我們拍了一段錄像。結果那次探望果然成了永別。

陳翰老一生專心治學，沒有留下子女。按中國人的老傳統，他並沒有做到兒孫滿堂。但他卻以另一種方式創造了自己的人生價值——著作等身和桃李滿天下。

註釋

❶ 卻特．祖瑟夫．瓦爾德海姆，聯合國第四任秘書長，曾任奧地利總統。

悼丏師

豐子愷

我從重慶郊外遷居城中，候船返滬。剛才遷到，接得夏丏尊老師逝世的消息。記得三年前，我從遵義遷重慶，臨行時接得弘一法師往生的電報。我所敬愛的兩位教師的最後消息，都在我行旅倥傯的時候傳到。這偶然的事，在我覺得很是蹊蹺。因為這兩位老師同樣的可敬可愛，昔年曾經給我同樣寶貴的教誨；如今噩耗傳來，也好比給我同樣的最後訓示。這使我感到分外的哀悼與警惕。

我早已確信夏先生是要死的，同確信任何人都要死的一樣。但料不到如此其速。八年違教，快要再見，而終於不得再見！真是天實為之，謂之何哉！

猶憶二十六年（一九三七）秋，盧溝橋事變之際，我從南京回杭州，中途在上海下車，到梧州路去看夏先生。先生滿面憂愁，說一句話，歎一口氣。我因為要乘當天的夜車返杭，匆匆告別。我說：「夏先生再見。」夏先生好像罵我一般憤然地答道：「不曉得能不能再見！」同時又用凝注的眼光，站立在門口目送我。我回頭對他發笑。因為夏先生老是善愁，而我總是笑他多憂。豈知這一次正是我們的最後一面，果然這一別「不能再見」了！

後來我扶老攜幼，倉皇出奔，輾轉長沙、桂林、宜山、遵義、重慶各地。夏先生始終住在上海。初年還常通信。自從夏先生被敵人捉去監禁了一回之後，我就不敢寫信給他，免得使他受累。勝利一到，我寫了一封長信給他。見他回信的筆跡依舊遒勁挺秀，我很高興。字是精神的象徵，足證夏先生精神依舊。當時以為馬上可以再見了，豈知交通與生活日益困難，使我不能早歸；終於在勝利後八個半月的今日，在這山城客寓中接到他的噩耗，也可說是「抱恨終天」的事！

夏先生之死，使「文壇少了一位老將」「青年失了一位導師」。這些話一定有許多人說，用不著我再講。我現在只就我們的師弟情緣上表示哀悼之情。

夏先生與李叔同先生（弘一法師），具有同樣的才調，同樣的胸懷。不過表面上一位做和尚，一位是居士而已。

猶憶三十餘年前，我當學生的時候，李先生教我們圖畫、音樂，夏先生教我們國文。我覺得這三種學科同樣的嚴肅而有興趣，就為了他們二人同樣的深解文藝的真諦，故能引人入勝。夏先生常說：「李先生教圖畫、音樂，學生對圖畫、音樂，看得比國文、數學等更重。這是有人格作背景的緣故。因為他教圖畫、音樂，而他所懂得的不僅是圖畫、音樂；他的詩文比國文先生的更好，他的書法比習字先生的更好，他的英文比英文先生的更好……這好比一尊佛像，有後光，故能令人敬仰。」這話也可說是「夫子自道」。夏先生初任舍監，後來教國文。但他也是博學多能，只除不弄音樂以外，其他詩文、繪畫（鑒賞）、金石、書法、理學、佛典，以至外國文、科學等，他都懂得。因此能和李先生交遊，因此能得學生的心悅誠服。

他當舍監的時候，學生們私下給他起個諢名，叫「夏木瓜」。但這並非惡意，卻是好心。因為他對學生如對子女，率直開導，不用敷衍、欺蒙、壓迫等手段。學生們最初覺得忠言逆耳，看見他的頭大而圓，就給他起這個諢名。但後來大家都知道夏先生是真愛我們，這綽號就變成了愛稱而沿用下去。凡學生有所請願，大家都說：「同夏木瓜講，這才成功。」他聽到請願，也許啼嗚叱吒地罵你一頓，但如果你的請願合乎情理，他就當作自己的請願，而替你設法了。

他教國文的時候，正是「五四」將近。我們做慣了「太王留別父老書」「黃花主人致無腸公子書」之類的文題之後，他突然叫我們做一篇「自述」，而且說：「不准講空話，要老實寫。」有一位同學，寫他父親客死他鄉，他「星夜匍伏奔喪」。夏先生苦笑著問他：「你那天晚上真個是在地上爬去的？」引得大家發笑，那位同學臉孔緋紅。又有一位同學發牢騷，贊隱遁，說要「樂琴書以消憂，撫孤松而盤桓」。夏先生厲聲問他：「你為什麼來考師範學校？」弄得那人無言可對。這樣的教法，最初被頑固守舊的青年所反對。他們以為文章不用古典，不發牢騷，就不高雅。竟有人說：「他自己不會做古文（其實做得很好），所以不許學生做。」但這樣的人，畢竟是少數。多數學生，對夏先生這種從來未有的、大膽的革命主張，覺得驚奇與折服，好似長夢猛醒，恍悟今是昨非。這正是「五四」運動的初步。

李先生做教師，以身作則，不多講話，使學生衷心感動，自然誠服。譬如上課，他一定先到教室，黑板上應寫的，都先寫好（用另一黑板遮住，用到的時候推開來）。然後端坐在講台上等學生到齊。譬如學生還琴時彈錯了，他舉目對你一看，但說：「下次再還。」有時他沒有說，學生吃了他一眼，自己請求下次再還了。他話很少，說時總是和顏悅色的。但學生非常怕他，敬愛他。夏先生則不然，毫無矜持，有話直說。學生便嬉皮笑臉，同他親近。偶然走過校庭，看見年紀小的學生弄狗，他也要管：「為啥同狗為難！」放假日子，學生出門，夏先生看見了便喊：「早些回來，勿可吃酒啊！」學生笑著連說：「不吃，不吃！」趕快走路。走得遠了，夏先生還要大喊：「銅鈿少用些！」學生一方面笑他，一方面實在感激他，敬愛他。

夏先生與李先生對學生的態度，完全不同。而學生對他們的敬愛，則完全相同。這兩位導師，如同父母一樣。李先生的是「爸爸的教育」，夏先生的是「媽媽的教育」。夏先生後來翻譯的《愛的教育》，風行國內，深入人心，甚至被取作國文教材。這不是偶然的事。

我師範畢業後，就赴日本。從日本回來就同夏先生共事，當教師，當編輯。我遭母喪後辭職閒居，直至逃難。但其間與書店關係仍多，常到上海與夏先生相晤。故自我離開夏先生的絳帳，直到抗戰前數日的訣別，二十年間，常與夏先生接近，不斷地受他的教誨。其時李先生已經做了和尚，芒鞋破缽，雲遊四方，和夏先生彷彿是兩個世界的人。但在我覺得仍是以前的兩位導師，不過所導的對象由學校擴大為人世罷了。

李先生不是「走投無路，遁入空門」的，是為了人生根本問題而做和尚的。他是真正地做和尚，他是痛感於眾生疾苦愚迷，要徹底解決人生根本問題，而「行大丈夫事」的。世間一切事業，沒有比做真正的和尚更偉大的了；世間一切人物，沒有比真正的和尚更具大丈夫相的了。夏先生雖然沒有做和尚，但也是完全理解李先生的胸懷的；他是贊善李先生的行大丈夫事的。只因種種塵緣的牽阻，使夏先生沒有勇氣行大丈夫事。夏先生一生的憂愁苦悶，由此發生。

凡熟識夏先生的人，沒有一個不曉得夏先生是個多憂善愁的人。他看見世間的一切不快、不安、不真、不善、不美的狀態，都要皺眉，歎氣。他不但憂自家，又憂友，憂校，憂店，憂國，憂世。朋友中有人生病了，夏先生就皺著眉頭替他擔憂；有人失業了，夏先生又皺著眉頭替他著急；有人吵架了，有人吃醉了，甚至朋友的太太要生產了，小孩子跌跤了……夏先生都要皺著眉頭替他們憂愁。學校的問題，公司的問題，別人都當作例行公事處理的，夏先生卻當作自家的問題，真心地擔憂。國家的事，世界的事，別人當作歷史小說看的，在夏先生都是切身問題，真心地憂愁、皺眉、歎氣。故我和他共事的時候，對夏先生凡事都要講得樂觀些，有時竟瞞過他，免得使他增憂。他和李先生一樣地痛感眾生的疾苦愚迷。但他不能和李先生一樣地徹底解決人生根本問題而行大丈夫事；他只能憂傷終老。在「人世」這個大學校裡，這二位導師所施的仍是「爸爸的教育」與「媽媽的教育」。

朋友的太太生產，小孩子跌跤等事，都要夏先生擔憂。那麼，八年來水深火熱的上海生活，不知為夏先生增添了幾十萬斛的憂愁！憂能傷人，夏先生之死，是供給憂愁材料的社會所致使，日本侵略者所促成的！

以往我每逢寫一篇文章，寫完之後，總要想：「不知這篇東西夏先生看了怎麼說。」因為我的寫文，是在夏先生的指導鼓勵之下學起來的。今天寫完了這篇文章，我又本能地想：「不知這篇東西夏先生看了怎麼說。」兩行熱淚，一齊沉重地落在這原稿紙上。

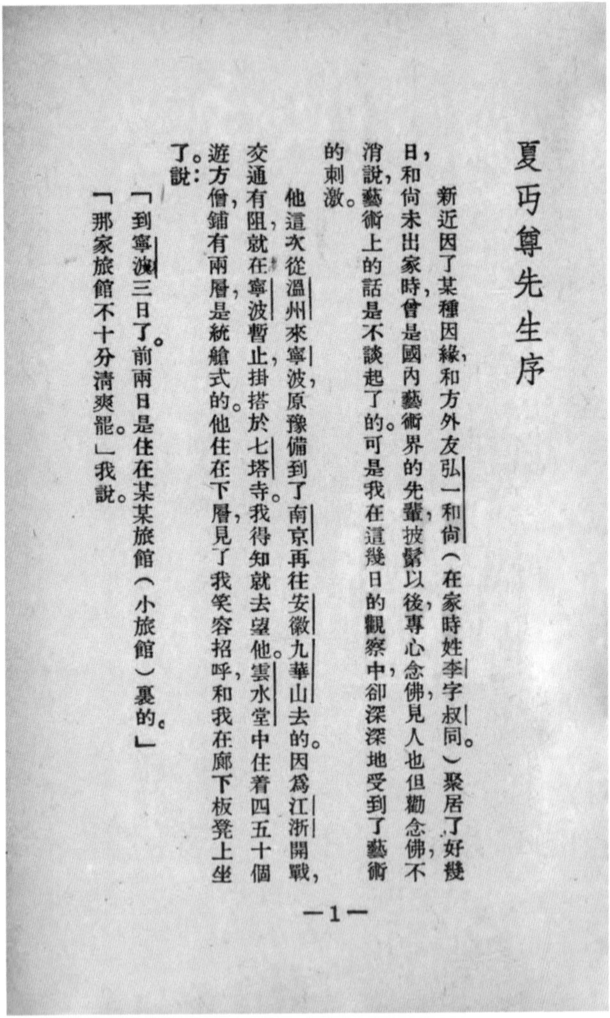

夏丏尊先生序

新近因了某種因緣，和方外友弘一和尚（在家時姓李字叔同。）聚居了好幾日，和尚未出家時，曾是國內藝術界的先輩，披鬀以後，專心念佛，見人也但勸念佛，不消說，藝術上的話是不談起了的。可是我在這幾日的觀察中，卻深深地受到了藝術的刺激。

他這次從溫州來寧波，原豫備到了南京再往安徽九華山去的。因為江浙開戰，交通有阻，就在寧波暫止，掛搭於七塔寺。我得知就去望他。雲水堂中住着四五十個遊方僧，鋪有兩層，是統艙式的。他住在下層，見了我笑容招呼，和我在廊下板凳上坐了。說：

「到寧波三日了。前兩日是住在某某旅館（小旅館）裏的。」

「那家旅館不十分清爽罷。」我說。

—1—

1　夏丏尊為《子愷漫畫全集之五：都市相》所作序的書影（1945 年由開明書店出版）。

懷念趙元任先生

王力

去年（一九八一）五月十七日，趙元任先生從美國回到北京。這是他在新中國成立後第二次回北京。第一次在一九七三年春天，周恩來總理會見了他。這次回來，鄧小平副主席會見了他，中國社會科學院宴請了他，北京大學聘他為名譽教授。他的女兒趙如蘭教授說，元任先生最滿意的一件事是去年夏天他同女兒女婿回國來了。的確是這樣，他的高興的心情我看得出來，所以我兩次勸他回國定居。他說他在美國還有事情要處理，他回去再來。去年十二月，清華大學打電話告訴我，元任先生已決定回國定居，我高興極了。不料今年（一九八二）三月他就離開了我們。

在去年六月十日北京大學授予趙元任先生名譽教授稱號的盛會上，我致了頌詞。我勉勵我的學生向元任先生學習，學習他的博學多能，學習他的由博返約，學習他先當哲學家、文學家、物理學家、數學家、音樂家，最後成為世界聞名的語言學家。

我在一九二六年考進清華大學研究院，當時我們有四位名教授：梁啟超、王國維、趙元任、陳寅恪。我們同班的三十二位同學只有我一個人跟元任先生學習語言學，所以我和元任先生的關係特別密切。我常常到元任先生家裡看他。有時候正碰上他吃午飯，趙師母笑著對我說：「我們

1 趙元任於 1925 年回國後，曾擔任清華國學院「四大導師」之一。1967 年，趙元任被選為第 54 位加州大學研究（榮譽）講師。圖為出席儀式前，趙元任在家中預習演講稿。

邊吃邊談吧，不怕你嘴饞。」有一次我看見元任先生正在彈鋼琴，彈的是他自己譜寫的歌曲。耳濡目染，我更喜愛元任先生的學問了。

我跟隨元任先生雖只有短短的一年，但是我在學術方法上受元任先生的影響很深。後來我在《中國現代語法》自序上說，元任先生在我的研究生論文上所批的「說有易，說無難」六個字，至今成為我的座右銘。事情是這樣的：我在研究生論文《中國古文法》裡講到「反照句」「綱目句」的時候，加上一個（附言）說：「反照句、綱目句，在西文罕見。」元任先生批云：「刪附言！未熟通某文，斷不可定其無某文法。言有易，言無難！」這是對我的當頭棒喝。但是我還沒有接受教訓。就在這一年，我寫了另一篇論文《兩粵音說》。承蒙元任先生介紹發表在《清華學報》上。這篇文章說兩粵沒有撮口呼。一九二八年元任先生去廣州調查方言，他寫信告訴當時在巴黎的我說，廣州話裡就有撮口呼，並舉「雪」字為例。這件事使我深感慚愧。我檢查使我犯錯誤的「元兇」，第一，我的論文題目本身就是錯誤的。調查方言只能一個一個地點去調查，絕不能將兩粵作為一個整體來調查。其次，我不應該由我的家鄉博白話沒有撮口呼來推斷兩粵沒有撮口呼，這在邏輯推理上是錯誤的。由於我在《兩粵音說》上所犯的錯誤，我更懂得元任先生「說有易，說無難」的道理。

我一九二七年在清華研究院畢業後，想去法國留學，元任先生鼓勵我，說法國有著名的語言學家，我可以去法國學習語言學。從此以後，我和元任先生很少見面了。但是，元任先生始終沒有忘記我。一九二八年夏天，他把他的新著《現代吳語的研究》寄去巴黎給我，在扉頁上用法文寫著「avec compliments de Y.R.Chao」（「趙元任向你問好」）。一九三九年六月十四日，他從檀香山寄給我一本法文書《時間與動詞》，在扉頁上用中文寫著「給了一兄看」。一九七五年，他從美國加州寄給我一本用英文寫的《早年自傳》，在扉頁上寫著「送給了一兄存」。我至今珍藏著這三本書。元任先生每十年寫一封「綠色的信」，印寄不常見面的親戚朋友，我收到他的第二封和第五封。

我常常對我的學生說，元任先生之所以能有那麼大的成就，就是因為基礎打得好。一九一八年他在哈佛大學取得了哲學博士學位，那時他才二十六歲。一九一九年他回到他的母校康乃爾大學當物理學講師。一九二一年，英國哲學家羅素來中國講學，元任先生當翻譯。在他的《自傳》裡可以看出，他是以此為榮的。一九二二年，他翻譯了《阿麗思漫遊奇境記》。❶一九二五年，他從歐洲歸國後，在清華大學教數學，次年才當上研究院教授。在二十年代，元任先生譜寫了許多歌曲，如《叫我如何不想他》❷等，撰寫了一些有關樂理的論文，如《中國派和聲的幾個小試驗》等。哲學、文學、音樂、物理、數學，都是和語言學有密切關係的科學，這些基礎打好了，搞起語言學來自然根深葉茂，取得卓越的成果。他寫的《現代吳語的研究》《南京音系》《廣西瑤歌記音》《鍾祥方言記》《湖北方言調查》（主編）❸《廣州話入門》《北京話入門》《中國話的文法》《語言問題》等，都是不朽的著作。我們向元任先生學習，不但要學習他的著作，還要學習他的治學經驗和學術方法。

元任先生是中國的學者，可惜他在中國居住的時間太少了。據他的《自傳》所載，他一九一〇年至一九一九年在美國住了十年，一九二〇年至一九二一年在中國，一九二一年至一九二四年在美國，一九二四年至一九二五年在歐洲，一九二五年至一九三二年在中國，一九三二年至一九三三年在美國，一九三三年至一九三八年在中國，一九三八年至一九八二年在美國居住四十四年（一九七三年、一九八一年回國兩次）。假使他長期住在中國，當能對中國文化做出更大的貢獻。據我所知，中華人民共和國成立以來，我們的政府一直爭取元任先生返國。最後將近實現了，而元任先生卻與世長辭。這不但使我們當弟子的深感哀痛，我國語言學界也同聲歎惜。最後，我把我的輓詩一首寫在下面，來表示我的悼念之情：

離朱子野遜聰明，曠世奇才絕代英。
提要鉤玄探古韻，鼓琴吹笛譜新聲。
劇憐山水千重隔，不厭輶軒萬里行。
今後更無青鳥使，望洋遙奠倍傷情！

註釋

❶《阿麗思漫遊奇境記》，通行譯名為《愛麗絲夢遊仙境》。

❷《教我如何不想他》為趙元任譜曲，劉半農作詞。

❸《湖北方言調查報告》為趙元任與丁聲樹、楊時逢、吳宗濟、董同龢合著。

追憶三位中學老師

繆　鉞

在一九一八年至一九二二年期間，我年十四歲至十八歲（按新算法），肄業於保定直隸（即今河北省）省立第六中學。校舍在保定西南郊，為靈隱寺故址，前臨清溪，背負曠野，環境幽清，宜於讀書。四年之中，我受業於三位國文教師，對我教益很大，至今記憶猶新。

初入學時，東鹿高蘭坡（慶題）先生教我們國文。第一次作文題是《暑假紀事》，我交卷後，得了很好的評語，因為我從小即在家中讀古文，學作文言文，所以在這方面比一般同學熟練一些。高先生當時四十歲左右，性情開朗，講書時議論風生，對同學啟發很大。他的思想在新舊之間，他認為，公羊家能發明孔子修《春秋》之精義微旨（這大概是受康有為的影響），又認為，法家韓非子循名責實的主張是對的（這大概是受嚴復的影響），給我們選講了好幾篇韓非子的短篇論辯之文，稱讚其筆鋒犀利；他對於當時胡適所提倡的白話文持反對態度。我常將所作小詩請先生批改，有一次，我寫了一首《蟋蟀》詩。

唧唧果何訴？逢時自作聲。

露珠供啜飲，草地任縱橫。
曠野風何急，蕭齋燭半明。
窮秋霜雪降，能得幾時鳴？

先生說，「蕭齋」可以改為「空堂」，因為「堂」字聲音響亮，且暗用《詩經．唐風．蟋蟀》「蟋蟀在堂，歲聿其莫」的典故，更為貼切。我因此更領悟了作詩煉字用典之法。高先生要我多讀漢魏古詩，植根深厚。高先生只教了一學期，就赴天津教育廳任職，但還是常與我通信，我也常寄所作詩文請教。先生總是復函獎勉，認為我天性近於文學，將來可以深造。先生工書法，善尺牘。有一次，我寄函請先生寫條幅，並說，待買得好宣紙，隨即奉上。先生復函說：「欲求羊欣之書，不必買洛陽之紙也。」可見其信手寫來，吐屬高雅。

第二位國文教師是馬獻圖先生，肅寧人，五十多歲。他沒有高先生的才華，但是為人樸誠，講書非常盡力，詳盡透徹，唯恐同學有聽不懂者。同學有問題，總是盡心回答。馬先生第一次上課，選講歐陽修《釋秘演詩集序》，給同學印象很深，有的調皮的同學私下戲稱先生為「老秘演」。馬先生教我們一年，他的勤懇講課，循循善誘，博得同學們的敬仰。有一次，一位同學在所作文章中用了一個僻典，發卷時，馬先生問他：「此典出自何處？」一位五十多歲的老教師竟肯向一個十幾歲學生不恥下問，這是何等的虛懷雅量！

馬先生教我們一年就離去了，繼之者是王心研（念典）先生，一直教我們到畢業。王先生，寧河縣人，是桐城吳至甫（汝綸）先生的再傳弟子。吳至甫於清末在保定蓮池書院任山長多年，教澤廣被。王先生講文章注重桐城義法，所選課文多取材於《古文辭類纂》與《續古文辭類纂》，並且勉勵我們學作桐城派古文。我在家中少承庭訓，喜讀蕭統的《文選》，尤其欣賞魏晉間文，清疏淡雅，起止自然，而覺得桐城義法未免侷促。不過，桐城派古文也自有其長處，佈局嚴謹，詳略適宜，詞句雅潔，系統緊密。我受了兩年多的桐城派古文訓練之後，以後行文，無論是文言或白話，都能爽潔簡要，無煩冗蕪雜之弊，其中自然有王先生陶冶之功。我從小喜歡讀詩，多是讀唐詩，如《唐詩別裁》，但是學作詩時則喜歡吳梅村、王漁洋的律詩、絕句，容易模仿。我寫錄所作小詩請王先生指教時，先生說：「你的詩氣骨靡弱，可多讀黃山谷、陳後山之作以矯其弊。方東樹《昭昧詹言》論詩精細，可以參看。」我於是讀黃、陳二家詩，略有領悟。有一個寒假中，同班同學李守謙、許君遠都回家（安國縣）去了，在舊曆新年人日（正月初七），我寄給他們一首七律詩：

共居未諗離群苦，小別相思情轉親。
過歲況逢華勝日，寄詩肯負草堂人？
豐年瑞兆千村雪，爆竹聲喧萬戶新。
何日雍容一樽酒，西園相對賞芳春。

開學後，我將此詩面呈王先生，王先生很稱讚，認為我的詩又進一境了。從此我亦愛讀宋詩。總之，王先生在指導作文作詩方面，對我的教益是很大的。

我自中學畢業後，考入北京大學肄業，其後因從事教書工作，遊走四方，得到不少良師益友的幫助，使我治學更向深廣方面發展。但是十餘歲讀中學時三位國文老師對我的教益，仍然使我飲水思源，終生感念不忘。

飲水思源

施蟄存

松江縣第二中學的前身，在淞滬抗戰以前，曾是江蘇省立第三中學。我在這個中學裡肄業四年，直到畢業。因此，今天的松江縣第二中學，也是我的母校。現在，我的母校舉行八十五週年校慶紀念，邀我以校友身份，寫一點文字，共同慶祝。

我寫了「飲水思源」四個字，以表示我對母校的感恩。這四個字並不是空泛的禮貌語，我確實感到當年在這個中學裡讀書四年，對我以後的生活、行為和事業，都很有影響。

第三中學還不是江蘇省立中學裡最好的一個，但也可以說是很好的一個。在歷任熱心教育事業的校長的苦心籌措之下，這個中學至少有兩點長處為當時中等教育界所公認，也是使我終身受益的。

第一點是師資好。在四年肄業過程中，給我授課的教師不少，有些任教時間不長的，我已不記得其姓名了。但有些教師，我至今也還記得，而且他們上課的形象，也還在我眼前。國文教師秦卓夫先生，無錫人，教一、二年級國文。他朗誦古文的聲調非常動人，能讀出文章的感情來。徐允夫先生，常州人，教三、四年級國文。他選的教材極為開明。他給我們講江淹的《別賦》，

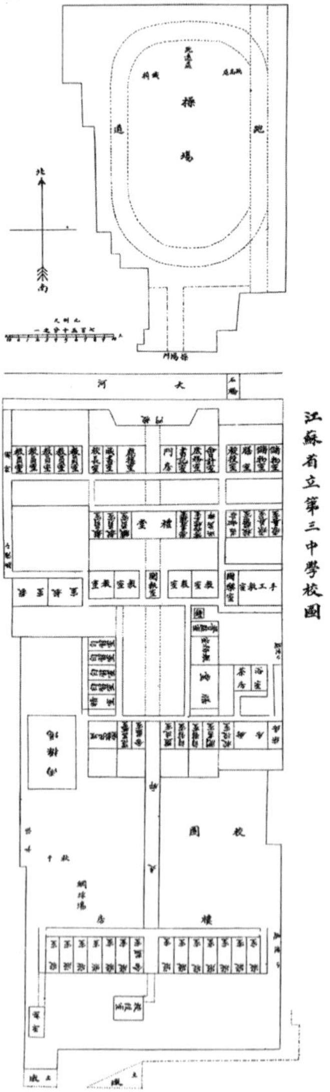

1　江蘇省立第三中學校平面圖（局部）

唐人小說《南柯太守傳》《紅線傳》，施耐庵的《水滸傳》。這些都是教科書中不收的，徐先生用作補充教材，使我在正統的唐宋八家古文之外，開了眼界。蔣韻笙先生是本地人，詞曲家，能吹笛子，唱崑曲。校長請他來給四年級學生講詞曲，作為國文課的補充課，每星期講兩次，在下午三點鐘以後授課。我對詞曲的知識，就是在那時候啟蒙的。

葉頌藩先生教英文文法。他在校時間最長久。從二年級起，他給我們每年講一本《納氏文法》，從第二冊講到第四冊，使我們掌握了英文的文法結構。我升學到之江大學以後，跟外國教師學英文，他們就不大講究文法。有些從教會中學升上來的同學，他們的口語比我好得多，可是他們都不會分析複合句子。

我在四年級的時候，擔任英文讀本的教師是汪小頌先生。他剛從聖約翰大學畢業，就被校長請來了。他給我們講了大半本司各特的《艾凡赫》，❶使我對英國文學和十九世紀英文有了初步的訓練。

有一位歷史教師，我已忘了他的姓名。他上歷史課不用教本，但他講得比教本詳細。他熟悉歷史，講史事時有批評、有議論。可惜這位先生下學期不來了。接任的一位年輕教師，上歷史課就像說書，喜歡「擺噱頭」，例如講唐明皇和楊貴妃的戀愛事情，講得眉飛色舞，態度很不莊重，同學們雖然很高興聽，卻並不尊敬他。

數理化師資方面，代數課的華祇文先生，物理、化學課的許楝材、張江澍先生，都是在中等教育界著名的，很受學生的愛戴。可惜我無志於理科，僅能考個及格分數，未免辜負了良師。

美術教師在高年級學生的眼中是無足輕重的，因為沒有他的課。但有一年，請來了一位朱侗僧先生，是位書畫家，滿房間都掛著他自己的書畫。我常常在午飯後休息時間到他房間裡去看「書畫展」。他給我講中國畫的道理，以及欣賞書畫的基礎知識。我對於書畫的興趣，可以說是朱先生開始培養起來的。

第二個長處是紀律嚴。當時，松江三中的紀律嚴，該歸功於兩位先生。一位是舍監顧先生，專管住宿生的自修室及宿舍，我是走讀生，不受他管，和他接觸的機會極少，因此連他的名字都記不起了。另一位是學監，專管上課時間的全校學生。我在三、四年級的時候，學監是相菊譚先生，後來他成為江蘇省教育界的名人。

相先生整天坐在學監室裡。每個學生早晨到校，要從門房裡領取自己的名牌，掛到學監室裡，這是每天第一次見相先生，要向他行一個鞠躬禮。下午課畢放學，要從學監室裡取下名牌，帶到門房裡去掛上，這是每天最後一次見相先生，也要一鞠躬。

上課的時間，是相先生空閒的時間，他或者坐在學監室裡辦公，或者到走廊裡、閱報室裡、廁所裡去巡視，查查清潔衛生情況。下課鈴一響，相先生就從學監室裡踱出來，站在幾個固定的地方，遠遠地注視學生的活動。學生中如有打架、罵人、講下流話、衣衫不整，他都要管教。嚴重的，就把那學生叫到學監室裡去訓話。學生常常幽默地說是去「吃大菜」。

相先生對學生管教得很嚴，但是並不威。他對任何一個學生，總是很和善地開導。學生對他的訓誡，很少有反感。一般總是靜靜地聽他教訓，默然退出，以後就不再犯了。一個人的舉止、行為，多數都是定型於中學生時代。如果在中學時期沒有得到良好的品德教育，將來無論升入大學或在社會上就業，便很容易放縱恣肆，近朱，近墨，自己不易把握了。

我把自己在第三中學肄業時身受的一些教學情況記錄下來，給今天的松江二中增加一些關於校史的具體資料。同時也希望今天的中學老師有所參考，努力自強，克盡厥職，做一個好的教師，使學生們將來永遠記得你。

註釋

❶《艾凡赫》（或譯《撒克遜英雄傳》），為華特·司各特所著。

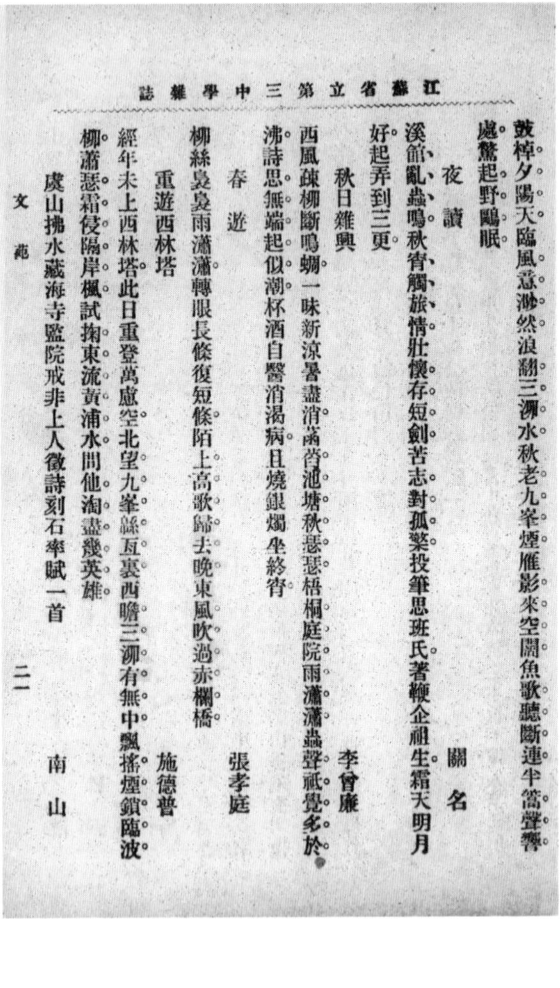

江蘇省立第三中學雜誌

鼓棹夕陽天臨風意渺然浪翻三泖水秋老九峯煙雁影來空闊魚歌聽斷連半篙聲響處驚起野鷗眠

夜讀　關名

溪館亂蟲鳴秋宵觸旅情壯懷存短劍苦志對孤檠投筆思班氏著鞭企祖生霜天明月好起弄到三更

秋日雜興　李曾廉

西風疎柳斷鳴蜩一味新涼暑盡消菡萏池塘秋瑟瑟梧桐庭院雨瀟瀟蟲聲祇覺多於沸詩思無端起似潮杯酒自醫消渴病且燒銀燭坐終宵

春遊　張孝庭

柳絲裊裊雨瀟瀟轉眼長條復短條陌上高歌歸去晚東風吹過赤欄橋

重遊西林塔　施德普

經年未上西林塔此日重登萬慮空北望九峯繇亙裏西瞻三泖有無中飄搖煙鎖臨波柳蕭瑟霜侵隔岸楓試掬東流黃浦水問他淘盡幾英雄

虞山拂水藏海寺監院戒非上人徵詩刻石率賦一首　南山

文苑　二一

2　1920年，施蟄存以「施德普」為筆名發表在《江蘇省立第三中學雜誌》上的舊體詩《重遊西林塔》書影。

錢玄同印象

任訪秋

一九二九年暑前，我畢業於開封河南第一師範文科。當時我的堂兄在商丘任小學教師，他曾為我謀得一小學教師的席位，但被我辭掉了，因為我準備到北平升學深造。不久我就與同班徐緒昌君一同去北平，住在沙灘一個小公寓裡準備功課。等到各大學招生日期到後，我就報考了三個學校，即清華、北大、師大。結果我考取了師大，徐君卻未考取，後來考入了燕大。

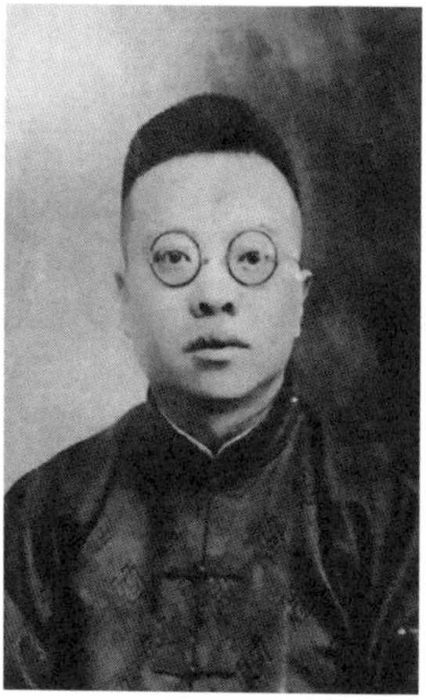
1 錢玄同獨照

我入學以後，得知我所上的中文系的主任為錢玄同先生。我在一師讀書時，即已知先生之名，他在五四文學革命時期，是反對古文學，提倡新文學的先鋒戰士。後來在史學界，又是與顧頡剛提出「疑古」主張最力的學者。為了「疑古」竟將名字改為「疑古玄同」。因此我對先生的革新精神，是非常佩服的。

入學後的第一學期，他就為我們開了一門必修課「國語沿革」，從課程內容上看，實際是國音的發展史。先生不用「史」，而用「沿革」，我想是頗有謙虛之意的。

先生是清末民初國學大師章炳麟（太炎）先生的高足。章氏在文字學同經學上，繼承了清代乾嘉以來皖派學者，從戴震，歷段（玉裁）直到二王（念孫、引之）的治學方法與精神，而又有所發展。而先生又繼太炎之學，同樣又有著新的開拓與變化。

先生對所教課程內容極其熟悉，上課有他個人的講授特點：一、一上講台即開始講授課程內容，從不說一句閒話。二、講話非常快，如果不專心傾聽，那麼筆記就記不上。三、從不唸講稿，而且根本不帶講稿。他只帶一本一般學生練習英語的筆記簿，封皮上寫著：「講到哪裡了」並在後邊畫了個大「？」，裡邊記得他上次課講到了什麼地方，便於下次接著前邊的講。四、先生對所引用的典籍，記得非常熟。引徵時，背誦原文，脫口而出，充分說明先生功力深，記憶力強。

我讀到二年級，先生為中文系一、三、四各年級開了兩門選修課，即「說文研究」與「經學史」。我當時都選了。前一門的內容，大體可分為三大部分：一、許慎《說文解字》在成書前與成書後，中國文字在形義上的產生與發展概況。二、《說文》到了清代，為何受到樸學家們的重視而成為專門的學問，並對各家研治《說文》的成果進行了評述。三、關於《說文》部首，對後人有爭議的問題進行分析與評論。並時時引用殷墟出土的甲骨文字，加以論證。我曾記有課堂筆記，但記得不免有掛一漏萬之嫌。經學史課，內容上也可以分作三個方面：一、經學從「五經」到「十三經」，把古籍一部部列為經典的歷史情況。二、從漢以後，直到清代，歷代學者對經學研治成績的概述。三、對歷代學者治經的方法態度與觀點的比較與評價。

我從聽了錢先生這幾門課後，真是眼界大開。錢先生講學，絕不是因襲，或重複前人的觀點與說法，而是隨時隨地都有他個人獨特的見解，能夠發人深思，能予聽者以舉一反三的效果。

先生治學，不僅繼承了乾嘉時期皖派學者以戴震為首的治學精神，而且在五四後，也接受了西方的科學精神。先生最初受業於章太炎，是宗法古文經的。後來又從崔適受業，崔是宗法今文經的。他不僅讀了崔氏的《史記探源》，闡明劉歆所提倡的古文經之不可信，並從崔氏那裡讀到康有為《新學偽經考》，於是更堅定了古文經為劉歆所偽造的說法，最後他終於擺脫了今古文兩派的門戶之見，而以純客觀的態度，來評論兩派，肯定他認為他們正確的一面，否定其錯誤一面。先生這種科學的精神給我們以極深的影響。我在大學讀書時，曾仿公安派袁宗道，在創作上宗法樂天與東坡，命名其齋為「白蘇齋」之例，而把我的書齋，命名為「同適齋」。「同」即先生名字的末一個字，而「適」則為「胡適」的末一個字。說明我當時治學的傾向，是如何仰慕他們了。

我在大學讀書時期，曾寫過一本《柳宗元評傳》，當時請先生為該書封面題籤。後來該書為一友人拿去，作為他考研究生的論文，因此以後再不曾問世。直到二十世紀五十年代，我發表在《新建設》上的《論韓柳散文》一文，才將我對柳的看法，復映在這篇文章中。

一九三六年，我到北大研究院學習，曾到孔德學校訪過先生，當時先生已患高血壓症。後來在研究院答辯後，我還在東安市場一家西餐館宴請過他和周作人與黎劭西三位先生。

抗日戰爭爆發後，北師大與北平大學遷到陝西城固，成立西北聯大。但先生因病，未能隨學校西遷。到了一九四九年，聽到先生逝世的消息，心中非常傷痛！於是寫了篇《紀念先師疑古玄同先生》一文，發表在西安一個朋友主編的《力行》月刊上，後曾收入我的論文集《中國文學史散論》中。一九八〇年我又寫了篇《錢玄同論》，發表在安徽出版的《藝譚》雜誌上，後收入我的論文集《中國近代文學作家論》中，作為該書的附錄。一九八六年山東齊魯書社出版的曹述敬所著《錢玄同年譜》中，也收入了這篇文章。我對先生有無限懷念之情，這篇可說是紀念先生文章的第三篇了。

我的老師周輔成先生

趙越勝

一九七五年嚴冬，臨近年關的一個晴朗寒冷的週日下午，我敲開了朗潤園十公寓二零四的門。

門輕輕開了，一位中年婦女當門而立，體態停勻，頭髮梳得淨爽，一副南方婦女精明強幹的樣子。她就是先生的夫人，我後來一直稱師娘的。師娘說話聲音極輕，說：「周先生在等你。」師娘在我面前都是這樣稱呼先生的。我進門，撲面一股暖氣，夾雜著飯菜香。門廳甚暗，未及我眼睛適應光線，先生已從對面的一間屋子裡走出，連聲說歡迎歡迎，便引我進屋。這是先生的客廳，但大約同時住人，兩隻簡陋的沙發，上面套著白布罩子。靠牆有張大床。後來才知道，有一段時間先生這套四居室的單元竟同時住過三家人。而我去時，仍有一戶與先生同住。住房條件夠惡劣的。

我剛落座，先生就忙著倒水。茶几上的圓盤裡放著一罐麥乳精，一瓶橘汁，是那種需要倒在杯子裡稀釋了喝的。我想這是當時中國民間能見到的最高檔的飲料了。後來知道先生愛喝咖啡，但那時很難找到咖啡，先生大約就用麥乳精中加入的那點可可來替代。我忙起身，接過先生沖好的那杯熱氣騰騰的麥乳精，請先生坐下。心想就我這麼個工廠裡摸爬滾打的糙人，居然要喝麥乳精，先生太客氣了。先生隨便問了幾句家常，知我母親原來也是清華的學生，便說，那我們是校友，將來有機會去看看她。我忙說家母在清華拿讀書當幌子，革命為主，屬於不務正業。先生笑了笑說，她那才是正業哩。話入正題，先生說，希臘羅馬哲學一個月四次課就完了。時間短，內容有限，你要有興趣於哲學，怕還要多讀一些，因為它是基礎。我可以告訴你要讀哪些書，我這裡還有幾本參考書，你看了，有問題再談。我便把年內要來北大哲學系讀書，沒來成的事簡述了一下，大約表示了有心向學的意思。先生注意聽了，便說，這不是壞事，真到北大哲學系裡你就讀不了書了。他們很忙，就是不忙讀書。倒是你現在這樣好，時間集中，可以專心讀書。先生說，要讀希臘哲學，先要讀希臘歷史。希羅多德的《歷史》和修昔底德的《伯羅奔尼撒戰爭史》是要緊的。我那時只在商務印書館出的《外國歷史小叢書》中讀過介紹伯羅奔尼撒戰爭的小冊子。希羅多德的名字從未耳聞，便問先生可有他的書。先生說有，過一會兒找給你。先生隨即就講起了希臘城邦的結構、社會等級、公民與奴隸、雅典與斯巴達的特點。不用講稿，娓娓道來，條分縷析，啟我心智大開。我拿出準備好的筆記本，仔細記下先生所述。先生說，這些都在書上，我給你提個頭，你倒是讀書時要多記筆記。

先生又問我，可曾讀莎士比亞的戲劇。我一時反應不過來，不懂先生何以從希臘一下子跳到莎翁。便囁嚅道，讀過，但不多，只《哈姆雷特》《李爾王》等幾部。也巧，上初中時，班上有一姚姓同學，住炒豆胡同安寧里，其父供職中央戲劇學院。他家中有《莎士比亞戲劇集》，是朱

1 （左）1931 年，清華大學學生時代的周輔成獨照。

2 （右）周輔成攝於 1936 年

生豪的譯本，我曾借來胡亂讀過一些。先生說，初中生，十三四歲，讀不懂的。現在可以重讀。我問先生莎士比亞和哲學有何關係，先生提高聲音說，莎士比亞的戲全談人生哲學，比哲學家高明得多。先生又說，一等的天才搞文學，把哲學也講透了，像莎士比亞、歌德、席勒。二等的天才直接搞哲學，像康德、黑格爾，年輕時也作詩，作不成只得回到概念裡。三等的天才只寫小說了，像福樓拜。說罷大笑，又補充說，我這是談天才。而我們這些讀書人至多是人才而已。若不用功，就是蠢材。那時先生講的話我不全明白，只覺得這裡有些東西要好好想想。後來讀了先生一九四三年的力作《莎士比亞的人格》，[1]才明白先生治學，是以真、善、美的統一為人生與思想的最高境界。先生以為莎士比亞「具有一種高越的人格，他用他的人格，能感觸到真的最深度」。

我對先生說莎士比亞的書不好找，又說到家裡有一套「人人叢書」的英文版，是家母學英語時用的。家母的同學劉正郯先生是英語權威，曾編《英語常用詞辭典》。他住在南鑼鼓巷政法學院宿舍，時來家中走動，我曾聽他用渾厚的男中音朗誦過這套書中的《哈姆雷特》，據說他是「標準牛津音」。先生大喜，說那就直接學讀英文原版。我說我的英文程度太低，讀不懂的。先生沉思片刻，堅定地說，你第一件要做的事是學英語。不懂外文，學不深的。將來你要讀的書大多是外文的。現在回想，不知先生為何認定我會去唸外國哲學。一九七五年，我二十來歲一個小工人，英文大字不識一升，而先生似乎先知先覺，已經看到國家要大變了。

幾天後，收到先生一則短函，說七日他要進城看望朋友，約我晚上在萃華樓飯莊與他見面。

我心中有點奇怪，先生為何要約在飯館見面。後來次數多了，才知這是先生的一個習慣。萃華樓飯莊在燈市西口和錫拉胡同之間路東。我按時趕到，推門進去，見先生已在店堂深處入座。我急趨前，問先生為何約我至此。先生說他在城中看完朋友正是該吃飯的時間，上次的話沒說完，正好可以見面，吃飯說話兩不誤。我很少在飯館吃飯，少年時曾跟著一些大小「晃兒」去過莫斯科餐廳，邊看那些張狂男女吹牛「拔份兒」，邊低頭猛喝奶油紅菜湯。最喜歡就著抹了黃油果醬的方麵包，喝甜膩膩的櫻桃酒，喝著喝著覺得自己常佝僂著的瘦弱身軀竟壯碩起來。對先生講了這些，先生笑笑說，莫斯科餐廳他也曾去過，但那裡「太高大了」，人在裡面有點不合比例。此外，也太吵鬧了些。我四面打量一下這個餐廳，才覺得這裡清靜，大小適度，適合先生這種儒雅之人。

先生點了菜，等候著，便開始問我上次拿的書讀了沒有。我告他先讀了湯姆遜的《古代哲學家》，因為先生囑我希臘哲學還要多看，所以先讀有關希臘哲學的綜述。先生馬上說，湯姆遜的這本書水平不高，他是想用歷史唯物論觀點看希臘哲學的發展。但有的地方太牽強，沒有說服力。其實我已經注意到先生讀這部書時在天頭地腳密密麻麻寫滿了批注，對這部書的論述方法多有指責。先生說你只需從這本書得一線索即可。希臘哲學中最重要的問題，他多有忽略，比如蘇格拉底，他幾乎一字不提。柏拉圖的《申辯篇》你一時還不能領會。我要告訴你，讀哲學第一步就是讀懂蘇格拉底，他是哲學家們的哲學家，這一點你要用心記住。看先生嚴肅的樣子，我豈敢不用心記。

我聚精會神聽先生講，同時記著筆記，幾乎沒動筷子。先生卻邊說邊吃，毫不在意。猛然發現我面前的飯幾乎沒動，便說該課間休息了，先吃飯。我狼吞虎嚥吃完了飯，便搶著要去付錢，先生攔住我說，你才掙多少錢？我們兩人比，我是 rich peasant，你是 poor peasant，便自己去付了錢。那時我是二級工，掙三十九塊八大毛，先生的教授工資大約有二百多塊。從此先生和我去飯館見面，總是先生付錢。

離開萃華樓，天大黑了。我陪先生到地安門，便分了手。先生乘七路無軌去動物園換三十二路回北大，我乘五路汽車去德勝門換車回清河。趕回學校，校門已關，翻牆進校，悄悄溜回宿舍，躺在床上把先生所講在心裡回述一遍，結果再難入睡。朦朦朧朧似乎睡了，覺得有人推肩膀，睜眼一看，同屋的守法站在我的床邊，兩眼含淚，哽咽著說：「越勝，周總理去世了。」那是一九七六年一月八日的清晨。

註釋

❶《莎士比亞的人格》，正確名稱為《論莎士比亞的人格》。

3 （上）周輔成與學生在北大校內合影

4 （下）20 世紀 50 年代，北大哲學系教師於頤和園佛香閣前合影。

懷念葉公超老師

趙蘿蕤

陳子善先生約我寫一篇回憶葉公超老師的小文，我太高興了。但是從哪裡談起呢？

我是一九三二年大學畢業後考入清華外國文研所當研究生的。在此以前，不是不知道葉公超先生是何許人。我在燕京當學生時曾在朗潤園的草坪上演出過莎士比亞的《皆大歡喜》，充當女扮男裝的羅莎林，那時候聽說過葉公超老師也來看了，並且有人指出：「吶，那就是他！」他是聞一多先生的好朋友；因為和夢家的關係，我也和聞先生熟起來。聞先生創辦《學文》這個短命的雜誌時讓我翻譯外國的文藝理論。自然就知道有個才華出眾的葉公超先生，外國文學專家。不過當他的學生則是一九三二年以後的事。

我是個拘謹怕羞的姑娘，嚴肅安分得像座山一樣，而他那時還沒有結婚，我只是偶然到他那坐落在北院的家裡。他屋裡的書架遮滿牆壁，直碰到天花板。我上的課是文藝理論。他在這方面信息靈通，總能買到最新的好書，買多了沒處放就處理一批，新的源源不斷而來。他一目十行，沒有哪本書的內容他不知道。作為老師，我猜他不怎麼備課，不像後來我自己當老師時恨不得字字句句都早早準備好才上堂去。他只是憑自己的才學「信口開河」，說到哪裡是哪裡。反正他的文藝理論知識多得很，用十輛卡車也裝不完的。

我沒有跟他學當代文學，後來戴望舒先生約我翻譯艾略特的《荒原》。那時已是我當研究生的最後一年，我的「譯者注」得益於美籍教授溫德先生。

然而很可能葉老師的體會要深得多，這在後來他為我的譯文寫的序中可見一斑。溫德教授只是把文字典故說清楚，內容基本搞懂，而葉老師則是透徹說明了內容和技巧的要點與特點，談到了艾略特的理論和實踐在西方青年中的影響與地位，又將某些技法與中國的唐宋詩比較。像這樣一句話：「他的影響之大竟令人感覺，也許將來他的詩本身的價值還不及他的影響的價值呢。」這個判斷愈來愈被證明是非常準確的。

我請他寫序時他說：「要不要提你幾句？」我那時年少無知，高傲得很哩，回答「那就不必了」。現在想起來多麼愚蠢，得他給我提些意見，不管是好是壞，該多麼有「價值」呢。

後來他結婚了，夫人是我在燕京時的一個比我班次高的同學。我有時到前鐵匠營他們的寓所去串門。他們的生活令人羨慕：一所開間寬闊的平房，那擺設證明兩位主人是深具中西兩種文化素養的。書，還是書是最顯著的裝飾品，淺淺的牛奶調在咖啡裡的顏色，幾個樸素、舒適的沙發，桌椅，檯燈，窗簾，令人覺得無比和諧；吃起飯來，不多不少，兩三個菜，一碗湯，精緻，可又不像有些地道的蘇州人那樣考究，而是色味齊備，卻又普普通通，說明兩位主人追求的不是「享受」而是「文化」；當然「文化」也是一種享受。

如果說葉老師什麼地方有點令人不十分自在的，也許是他那自然而然的「少爺」風度，當然決非「紈絝子弟」的那一種。也許他的非凡才華使他有時鋒芒畢露，不過絕沒有絲毫咄咄逼人「拒人於千里以外」的味道。人們還是喜歡聽他那天南地北的神聊。我這位老師的「修養」是不凡的。

後來就是日本大舉入侵的戰爭年代了。清華大學和別的大學一起從長沙到南嶽，到昆明，到蒙自，又回到昆明。我已記不大清了，似乎夫人和女兒沒有跟著老師到昆明。至少他似乎沒有什麼家可供人們串門的了。相反，葉老師有時到我家來，因為我那時已和夢家結婚。那還是南下以前的事。他送我們的結婚禮物是一個可作燈具的朱紅色的大瓷瓶，矮矮的一個單人沙發床，一套帶著硬殼的哈代偉大詩劇《統治者》。

一九四四年我們取道印度乘運兵船去美國，從此就沒有再見到葉老師，只和居住在美國的夫人通過幾封信。一九八一年我重訪美國，於年底在哈佛大學費正清教授那裡聽到葉公超老師逝世的噩耗。我於一九八〇年重新詳細修訂了《荒原》，並在多處發表，但卻從來沒有同時發表過葉老師寫的那篇十分精彩的序。現在這篇序已經收在陳、秦兩位先生合編的《葉公超散文二集》中，那就太好了。

1 （左下）陳夢家與趙蘿蕤

2 （右上）中年的趙蘿蕤

我們的老校長

端木蕻良

「我們的老校長」，凡是南開同學，聽到了這個稱謂，都會知道這就是「張伯苓」三字的同義詞。

南開校史的第一頁，是以「嚴家私塾」字樣來寫的。校長、教員、管理員，都是張伯苓一個人擔任。

天津南邊，有一塊鹽鹼荒地，蘆葦雜草都不願在這兒生長，它是一塊地地道道的棄地，倒是蚊子和蠓蟲滋生的王國。

張伯苓得到這塊棄地，才到處捐款，❶ 逐步發展了後來的南開中學。再後來又創辦了南開大學，以及南開女中和南開小學。有趣的是，天津地方話，是把窪地叫作「開窪」的，「南開」也和「西開」一樣，是指距南邊和西邊一帶無名窪地的當地叫法。南開中學在南邊開窪地方建校以後，都是一直向南開發，一直開發到有名的八里台，成為一座聳立在東方的世界知名的學校。她是在自力更生中出現的，她經歷了兩次世界大戰，多次軍閥混戰，她有著光榮的革命傳統，人們用開拓者的形象來表現「南開精神」的實質，可以說是名副其實的。

1 圖為張伯苓在南開大學木齋圖書館動工儀式上（來源：南開大學檔案館）

不錯，南開的校史，正是一部從無到有的教育發展史，是一座開拓精神的勝利豐碑。

我們的老校長，是中國近代史上一位傑出的人物，很值得專門研究。我國有句俗語，對一個人來說，須要蓋棺，才能論定。我們的總理周恩來同志，卻說過：蓋棺也不能論定。我很信服這句話。

教育家可比種樹人，一棵樹的種子，有的是成心播種的，有的是被風帶走的，有的被鳥兒啄食之後，落到更遠的地方……

樹人要比種樹更複雜，也更艱苦。張伯苓在腐敗的清朝末葉，選擇了這條艱苦的路，揭開南開創業史的第一頁，這個起點就是可貴的。

天津是北方初期資本主義發展的重鎮，這也是南開創業的土壤。因而，也必然在張伯苓校長的頭腦上打下了烙印。

對於我們的老校長，做全面的評價，我是無能為力的。我現在趁老同學約稿之際，提供有關張伯苓二三事。因為是我切身經過的，別人很少知道的。也許有助於瞭解張伯苓校長，也未可知。

大概是我在高一那年，有一天，我收到一封信，是校長辦公室的信封和信箋。開頭稱我為「京平弟」，下款是屬「張伯苓」。我那時，才十七八歲，我認為稱我為「同學」就可以了。信中約我在約定時間到校長室來談談，沒有別的事。

到時候，我按時而去，屋裡沒有別人，校長順便問我的籍貫和學習情況，他更注意的是問我課外讀什麼書。我告訴他，我讀老舍作的《老張的哲學》，他點著頭，臉上露出笑容，並且誇說他寫得好。在我印象中，他好像不大提到文學似的，所以，沒想到他也看了這部小說。接著他又說，最近蔡元培先生寫過一篇有關青年問題的文章，問我看過嗎？我告訴他發表在《中學生》上，我已看過了。他便問我文章的要點是什麼。我說，蔡先生要求青年要有駱駝般的韌性，蜜蜂般的辛勤，第三條我現在忘記了。那時，我把三條都說對了，老校長非常高興。他還問我看過蔡先生別的什麼文章，我告訴他，我讀過《以美育代宗教說》《勞工神聖》等篇，他聽了頻頻點頭。

老校長說蔡元培先生是一位很了不起的教育家，他主張「科學和民主」，言外之意，是對蔡元培表示佩服和尊敬。那時，我已覺察到張伯苓很注意「經濟」，後來，他在大學設立了經濟研究所，但我沒有提這個，便告辭出去了。

張伯苓是個實幹家，在教育理論上他沒有著書立說，至少我未見到過；他又是個很好的演說家，但他的演說集是否有，我也不知道。但是，他的教育思想，是受到蔡元培的影響，可以從這一段經歷中體會得到。所以，我才把它寫出來。

還有一件事情，就是，南京曉莊師範被封閉，校長陶行知被通緝時，陶行知被迫出國，他便寫一封信給張伯苓，希望他的兒子陶宏能到南開來讀書。陶行知的教育思想和辦校方法，是和南開不同的。陶行知公開反對培養「雙料少爺」，但是張伯苓卻發給了黎紹基畢業文憑。其實，他並沒有入學，只因為他是黎元洪的兒子的緣故。當然，這和南開是私立的，老校長在舊社會中奔走中外，棲棲惶惶，募集基金是分不開的。

可貴的是，陶行知決定把兒子託付給張伯苓，而張伯苓並不管南京通緝陶行知這個問題，欣然答應，並使陶宏免費入學，也不害怕陶宏把曉莊師範的思想帶到南開來。這可以是近代我國教育史上一段佳話！

另外一件事，就更使人感動了。

一九三五年我去上海，開始了專業寫作時，十九路軍在上海打響了。上海人民熱烈擁軍，我在興奮之餘，有時到高樓頂上，有時到外灘去觀戰。

有一天，我和巫一舟、楊體烈三人，在外灘觀戰，恰巧遇到最有名的戰役，我們的機群出動轟炸日本「出雲艦」。這個歷史上最光輝的一刻，剛好被我們趕上。中國飛機不顧日本的高射炮火組成的火網連續向「出雲艦」投彈。不多時候，只見日本引以為驕傲的「旗艦」就被炸毀了。

後來，我聽到南開老同學告訴我，老校長的「老四」張錫祜是空軍，就在這次轟炸「出雲艦」時犧牲了。這事使我沉思了很久。張錫祜和我同班，他是老校長的小兒子，尤其是張師母最心愛的一個，老校長居然讓他參軍抗日去。所以，我認為「教育救國」四個字，還不足以概括我們老校長呢！

老校長創造了「南開精神」。聽到「南開精神」這個詞兒，至少也有半個世紀了。五十多年前，我在天津南開中學讀書，在學校的集會上，或者是在校慶的時候，便聽到校長張伯苓用「南開精神」這個詞兒來勉勵大家。後來，聽到他和他弟弟張彭春，對這個詞兒做過解釋，給我留下了深刻的印象。

「南開精神」是「開拓精神」的同義詞！

在美國，歷史家把開發西部的人，叫作「pioneer」，也就是「開拓者」的意思。

當時，張伯苓校長就是用「pioneering」（開拓）這個詞兒來概括所謂「南開精神」。這個印象對我是很深刻的。因為，聯繫南開校史，就會知道，使用這個詞兒來形容南開精神，是符合歷史真實的。對南開同學來說，是有鼓舞力的。對每個新老校友來說，這個詞兒也是能道出他們是充滿活力的。不錯，南開校友們沒有辜負母校的培育，不但沒有忘記他們的傳統，而且，他們各自堅守在自己的崗位上，把「南開精神」仍然當成他們的座右銘。隨著時代的不斷前進，甚至做到了刷新這個傳統精神，賦予它新的內容。

「南開精神」是張伯苓校長留給南開，留給每一個南開人的寶貴財富。

我寫到這裡，窗外的曙光已經透進室內，新的一天又開始了，我深深吸了一口窗外的新鮮空氣，耳邊似乎又響起了南開「啦啦隊」的吼聲，正在號召人們前進，加油，幹！幹！幹！

「南開！南開！Ra！Ra！Ra！」

「南開！南開！Ra！Ra！Ra！」

註釋

❶「捐款」，為筆誤，應為「募捐」。

我的兩位恩師

張進仁

在我學生時代的成長過程中，是父母和老師教我怎樣做人，是老師傳授給我知識，其中有兩位老師讓我終生難忘。

我老家在四川省樂山縣（現樂山市市中區）平興鄉，離縣城數十里，名副其實的窮鄉僻壤。一九五三年九月，我進入滑石小學讀高小（小學五、六年級）。當時才解放三年多，農村相當落後，人們在艱難困苦中度日，能上學讀書是件十分奢侈的事情。我們學校由一個古老的廟子改建而成，毀掉正中的泥塑菩薩作為禮堂的舞台，兩側長長的廂房是每個年級只有一個班的教室。我們班有二十九人，是學校首批高小學生，女生佔三分之一，年齡普遍偏大，落後的婚姻習俗使得兩個同學已有小孩。我爸爸是小學教師，我啟蒙較早，在班上年齡最小。

兩年高小期間，我們的班主任一直是陳全林老師，他與我同鄉，四十幾歲，身材較魁梧，經常穿著洗得發白的藍布中山服，樸素無華，文質彬彬，和藹可親。他教我們的語文、算術（現在的數學）和珠算（教學生打算盤），授課認真負責，深入淺出，循循善誘，使我們很容易掌握書本上的知識。他對每個同學都十分關心、體貼，常常像慈父一樣諄諄教育我們，引導我們走好人

1 （左上）圖為小學時的作者（右為弟弟）

2 （右下）1955年上學期，全班少先隊員與班主任陳全林老師合影。前排左一為本文作者。

生第一步，深受同學們愛戴和尊敬。

一九五五年上學期，學校成立少年先鋒隊，我被推選為大隊長。在成立大會上，我戴著紅領巾，白衣袖上別著三道槓的大隊長標誌，手舉隊旗，與大家齊唱《中國少年先鋒隊隊歌》（當時的隊歌），心情無比激動。我們班上符合參加少先隊年齡的同學有六人，所以只有六個少先隊員。大會後與陳全林老師合影留念。

一九五五年七月，小學畢業，我和六個同學考上縣裡的樂山四中讀初中，其餘二十二個同學都回家務農。時光如電，轉眼三年初中學業結束，一九五八年七月，我們七人中，只我考上高中，其餘六人考上中專或中師。我高中一年級回鄉時，與同學擺談（交談）得知，一九五七年陳全林老師被開除出教師隊伍，遣返回農村監督勞動改造，這使他的命運被徹底改變，掉進了無底深淵。我聽後像五雷轟頂，心情特別沉重、淒涼，為我兒時心中的偶像、同學們崇拜的好老師的悲慘遭遇而深感不平和同情。

一九六一年九月，我考入四川大學，成為中華人民共和國成立以來平興公社（現平興鄉）第一個大學生。寒假時我從省城成都返鄉，有一天，我獨自去鄉場找同學玩，途經陳全林老師家旁，突然看到他正在挑糞，滿臉病態、蒼老、淒苦的樣子。當我與他的眼神對視時，我正想招呼他，但他迅速低下頭，把臉側過去，假裝沒看見我一樣，急匆匆地離去。我呆呆地在原地站了一會兒，百感交集，望著他遠去的背影，心裡在流血流淚，十分難受。

當時正是國家三年困難時期，全民過「糧食關」，飢餓難熬。我暑假返鄉時，得到更淒慘的

3 1958年元旦，班上同學在全校演出後，與班主任劉玉宏老師合影。前排右一為本文作者。

噩耗——陳老師因貧病交加，餓死在家裡。我驚愕、悲哀，抑制不住湧流的淚水，深感人世的不公。我為最後一次見到陳老師而沒有和他說上話，安慰一下他而深感不安和自責，雖然這樣起不了什麼作用，至少我的心裡會好受些。讓這心中永遠的痛，化作懷念恩師的情懷吧。

我的第二位恩師劉玉宏老師，是我初中三年的班主任，年近五十，中等身材；淳樸無華，面善心慈，平易近人，對學生充滿了愛心。他教我們幾何，對教材爛熟於胸，點、線、邊、角、圓及其組成的各種圖形，在黑板上畫得十分精準，並用不少比喻加深我們的印象，使我們聽課時一點不感到枯燥乏味。他是學校教書育人的模範老師之一，受到全校師生的讚譽。

劉老師還喜歡音樂，愛唱歌，拉得一手好二胡。他特別重視對我們的德智體美進行培養，在班上經常組織我們張貼壁報，內容十分廣泛，並開展豐富多彩的文體活動，陶冶我們的情操。為了慶祝一九五八年元旦，他親自指導班上十六個同學排練藏族歌舞，我在其中扮演一個戴紅領巾的藏族小朋友。我們課餘時認真投入，下了大量功夫。在全校演出後得到較高的評價，劉老師心裡樂滋滋的，帶我們到照相館合影留念。近六十年過去了，至今我時不時翻看這張充滿青春活力的照片，看看我心裡十分崇敬的劉老師。

節假日時，劉老師還組織我們郊遊，看看壯麗的大好河山，農村的田園風光；尤其到離學校不遠的著名景區樂山大佛遊玩，使我們增加歷史、地理知識，開闊了視野。有一次他還組織我們到岷江河邊的灘地野炊，這是我們最高興的事情，吃上自己煮的飯菜，十分香甜，好不熱鬧。

在縣城河對面的樂山四中，在學校和劉老師的關懷下，我度過了美好的少年時光，為我的處世做人，以及後來的學業打下了堅實的基礎。光陰荏苒，人世滄桑，劉玉宏老師已離世，他的音容笑貌常在我心中縈繞，我永遠懷念他。

歲月悠悠，幾十年過去了，我如今能成為中國農業科學院柑橘研究所研究員、碩士生導師，無不浸透著兩位恩師對我的關心和教育，謹以此文來紀念他們！

難忘的教誨　由衷的感謝

錢三強

在九月十日教師節到來之際，我以喜悅的心情向千千萬萬從事最光榮職業的老師們致以崇高的敬意和節日的祝賀！

在我們這個古老文明的國度裡，素有尊師的優良傳統。然而真正把尊師和重視教育工作緊密聯繫起來，並以之為國家乃至全社會的頭等重要事業切實加以提倡和實行，應該說是十一屆三中全會以來實現歷史性偉大轉變的一個重要標誌。這幾年中，我有一個極為深刻的印象，就是鄧小平同志一再向全黨、全社會提出的「尊重知識，尊重人才」思想。正是這一思想逐漸被越來越多的人所理解，受到擁護，特別是黨和國家為貫徹這一思想採取了一系列有效措施，一種可喜可賀的風氣正在開始形成，因而教師節也得以應運而生。

尊重知識，尊重人才，必然聯繫到尊師。古人說過：「師者，所以傳道授業解惑也。」❶如果用今天的話來解釋，意思就是：教師是培養人的，是傳授知識的，是人類靈魂的工程師。這不是一個抽象的定義，也不是一種人為的解釋，事實正是如此。也許有的教師不曾意識到，在所有經歷過求學生活的人中，他的最美好、最難忘的回憶裡有重要一席是屬於對老師的，而且這種感情不以時間的流逝而淡薄，不以環境的改變而改變。我本人就深有體會。

歲月流逝，時過境遷，幾十年前的許多往事都已印象模糊了，唯獨老師的指點和教誨，記憶猶新，如在眼前。拿我進大學前後的一段情況來說吧，那是五十多年前的事了，那時我還不到二十歲，正在北京大學理科預科讀書。本來我是想學電機工程的，但由於我到物理系本科去旁聽了兩位清華大學兼課老師吳有訓先生和薩本棟先生的講課，我的興趣漸漸被物理吸引了，於是立志學物理。後來我便報考了清華大學物理系，在吳先生、薩先生和葉企孫先生直接關懷下進行學習。

一九三三年，葉先生給我們講授熱力學。本來這門課較難懂，加之葉先生又是一口上海口音，而且還有點口吃。但他抓住要領，講授得法，基本概念清晰，重要的原則有意識地重複，並且用實例來加以說明。葉先生講課的特點，今天回憶起來，印象非常深刻，而且是值得我們學習的。

一九三五年，吳先生開了一堂「實驗技術」選修課，我們班有五六個人參加了，我是其中之一。他手把手地教我們如何掌握燒玻璃的火候和吹玻璃的技術；後來，他又指導我做畢業論文，內容是做一個真空系統，試驗金屬鈉對改善真空程度的影響。一次當真空系統吹成剛抽真空時，因為玻璃設備結構機械應力不均勻，突然整個玻璃設備全部炸碎了，水銀流了一地。我當時心裡感到很緊張，可是吳先生沒有責備，而是關心地讓我趕緊打開窗戶，立即離開現場，以免水銀蒸汽中毒。隔了兩天，他把我叫去，鼓勵我再幹。結果畢業論文的實驗順利完成了。後來我到法國從事原子核物理研究和進行放射化學工作時，正是由於吳先生實驗技術課的鍛煉，給我工作提供了很大方便。

吳先生、葉先生和薩先生都已經辭世了，我也成了七十多歲的老人了。然而，在慶賀第一個教師節誕生的時候，首先使我想起的正是他們，還有我的小學的、中學的以及國內外指導我做研究工作的老師，藉此機會，我要向他們表示深切的懷念，我由衷地感謝老師們的教誨和關懷。

註釋

❶「師者，所以傳道授業解惑也」，出自韓愈《師說》，其中「授」字與原文的「受」字，意思相通。

1 錢玄同夫婦與兒子錢三強合影

童年的老師

陳從周

年齡大了，看到了孫輩，常常從他的身上想到了自己的童年。我的外孫在小學唸書，星期天上我家來，我見了他，彷彿自己也回到了他的時代，我忘卻了我們之間的輩分，將我的感情倒流到五十多年前去。他現在上三年級了，我進小學唸書，便是從三年級開始的。我記得我在五歲向孔夫子叩了頭，破蒙後，開始算是讀書了，因為體弱多病，實際到八歲才入私塾。十歲的這年春天插班上三年級。那是一所鎮上的基督教會小學，校舍與設備也比較完備，與我家相隔一條河，可是去讀書，卻要走過三座橋，因此路遠了一些。中午在學校吃午餐。我整天生活在學校中，我的那位級任女老師就時刻與我們在一起。她的音容，和女子獨賦的那種溫柔、慈愛，施之於我們這群天真無邪的小孩身上，這是宇宙間的偉大、人類的自豪，是世界上再也不能磨滅的師生之愛，純潔，高尚，晶瑩得透明，看不出一點的塵埃。

由私塾的那種自清晨坐到傍晚的舊式教育，一旦進入新式的學校，彷彿到了另一世界，新奇、活潑。我們的級任老師姓葉，她們兩姐妹，同學們稱姐姐為大葉先生，稱妹妹為小葉先生，妹妹擔任二年級的級任。兩姐妹是從同一所教會女中師範科畢業，畢業後便由我們的這所小學

1 青年時期的陳從周

聘來，年齡在二十歲左右，常穿淡藍色的圓角上衣，下面襯著一條黑色裙子，冬裝時圍一塊長圍巾。那時正是大革命的一年，小孩們天天在唱：「打倒列強，打倒列強，除軍閥！除軍閥！國民革命成功，國民革命成功，齊歡唱！齊歡唱！」鎮上整批整批的革命軍跑過，小孩子們太高興了。我們對那些十幾歲的小軍人，看了他們身上背著槍，腰掛手榴彈，感到神奇、嚮往，心定不下，不好好回教室去。而老師呢？她抑制了熱情，以那麼靜嫻、柔和的態度，將我們引入到課堂中去，開始她那細緻、周到、體貼，如牧羊人愛護小羔的心情來給我們上課。我們是從來沒有見到她重語訓我們一次，總是用盡各種各樣的方法，循循善誘。她是嚴師，亦是慈母，溫而厲，有如宗教家那般感化人。今日回想起來，她是受了歐美的師範教育，同時亦是有著宗教信仰。在她的心中，教好我們這班孩子是天賦之責。她沒有怨，也沒有恨，我們的成長，是她良心上唯一的安慰，可使她得到靈魂深處的滿足。我想如果她那時沒有這樣的品德，五十多年後的我早也將她拋到九霄雲外去了。師生之情，如同蠶的作繭那樣，千丈萬丈繞住這母體啊！

我記得第一次學寫信，是她教我們的，她要我們同學間互相通信。學校中有個同學辦的小小郵局，輪流著做郵務員。她指導得非常認真，信的格式如何，信封怎樣寫，信紙怎樣折，都是與西洋的規格一樣，不能有絲毫的不符規格。我是個信札比較多的人，垂老在書寫時，腦海裡還是浮起對她的印象。我們雖然是小孩子，但平時對她的一舉一動隨時注意著，耳濡目染。她的服裝整潔、樸素，可是並不因沒有濃妝而掩蓋了少女的風韻。她對孩子們不知道有怒顏厲色，我們對她也是不願有所越軌而使她不愉快。她外美與內美織成了一朵白蓮，受孩子們敬愛、學習，也感化了每一個小小的心靈。她不遲到，不早退。她的辦公桌上，同學們的作業放置得整整齊齊，毛筆、硯台、鉛筆、小刀，都井井有條，而那花瓶中的幾朵從校園中採來的草花，又安排得那般妥帖。雅潔的環境，是她學養的象徵。後來我入中學、進大學，看見那些擁有的頭銜比她大，更懂得怎樣虛張聲勢、賣弄知識的教師和教授，可在德的方面，是無法與這位質樸無華、淡得如素雲一樣的小學教師相比。

她每星期要上學生家來一次，我媽對她有如對我的姐姐那樣，談了我的學習、生活等外，再談家常。媽是位熱情好客的人，總要備點點心招待她。她如我姐姐一樣，沒有虛偽的一套，愉快而大方地餐畢，帶著輕鬆而天真的神情回校去。我媽與我送她出門，宛如送我姐姐上學去那樣。

這樣的老師，與家長們融洽在一起，今日想來，這不是單純的幾條教條可以達到的教育境界。

她空閒下來喜歡彈琴，校園中若傳出她悠揚的琴聲，我們總駐足靜聽，想像窗簾後她那種悠閒的神情。她上課時教我們唱《麻雀與小孩子》，我還記得：「假如我不見了，我的母親怎麼樣？」在音樂中，她灌輸給我愛動物的美德，我如今鍾情小動物，都是在那時不知不覺中所陶冶的。

童年的夢是一去不復返了，這位葉老師如今又不知天南地北所向何方了。那時的學生，如今也滿頭白髮，還在昏燈之下，追憶著，沉思著。這感情有如山谷中的泉水，是永遠流不盡的。

我的老師齊白石

婁師白

一九三四年，我拜齊白石先生為師，之後師徒一起生活了二十餘年。白石老師言傳身教，他的為人、品德、創作和理論等許多方面都給我留下了永誌難忘的印象。

齊白石先生的創作態度非常嚴肅認真，尤其畫人物時，創作前一定要先起草稿，稿紙大都是舊包皮紙。一張草稿要改正多次，達到形象準確後才開始作畫，而且在畫的過程中，隨畫隨改，以求盡美。每次老師畫完後，都叫我拿回家去照樣臨摹，畫幾張給他看，有時限定兩天後就要臨好。老師教我畫畫，是毫無保留的。從用炭條開始，直到最後完成，都讓我在旁邊看著，為他抻紙。時間一長，我便成了他的上下手。因為有這樣的條件，再加上我的時間充裕，就是考上輔仁大學後，每日的功課也不多，所以每天待在老師家裡，有時直到晚上九點他要睡覺時，才讓我走。

記得那時，我不僅學他的畫學得像，就是老師在畫畫時的姿態，構思時眉頭嘴角的小動作，我都學得很像。齊老的子女良遲、良己、良憐，都比我小幾歲，我就故意做給他們看。連老師訓斥他們的話，我也學得神氣十足，他們沒有不笑的。

每次看到老師的新作，尤其是他得意的作品，我總要拿回家去臨摹幾張，請老師指教。老師不僅看我臨摹的畫面相似不相似，還說明他作畫用筆用墨的意義，使我聽了領會更深。隔些時候，老師還將我的畫與他畫的同樣題材的畫對照著看，再指出我的畫有哪些不足之處。老師說：「臨摹是初步學習筆墨的辦法，不能只是對臨，還要能夠背臨，才能記得深，但不要以臨摹為能事。」他還說過：「古人說，行萬里路，讀萬卷書，我看還要有萬石稿才行。」我體會老師這番話的意思，是教我不但要到實際生活中去觀察體驗，多讀書，提高文藝修養，還要把凡是看到的好畫都盡可能地臨下來，作為創作的參考素材。

大家都知道齊老畫蝦、蟹是很成功的。每逢夏秋市上賣蝦、蟹的季節，老師總要買蝦、蟹來吃。在舊社會，賣蝦的人經常走街串巷地吆喝，老人聽到賣蝦的到了門冂，就親自走出門來挑選。他告訴我，對蝦以青綠色的為最佳。老師買蝦，有時一買就是一簍筐，除吃鮮的以外，還把蝦曬起來，每次買來蝦，他總要認真細緻地觀看一番。買到小河蝦時，他也總要從中挑出幾個大而活的河蝦，放在筆洗中，細緻地觀察；有時還用筆桿去觸動蝦鬚，促蝦跳躍，以取其神態。

當我學畫蝦時，先是照老師的畫對臨。老師看了我的畫說：「用筆不錯，但用墨不活，濃淡不對，沒有畫出蝦的透明的質感。」過了一段時間，老師又讓我背臨畫蝦給他看。他又給我指出，蝦頭與蝦耳比例不對，有形無神，要我仔細觀察活蝦的動作，對著活蝦去畫工細的寫生。也就是通過臨摹知道用筆墨後，還要通過寫生去觀察體現蝦的神態。隔一段時間，老師又要我畫蝦，再指出蝦鬚也應有動勢。老師這樣再三諄諄教導，使我不僅對蝦的結構有所瞭解，同時對齊老畫蝦的用筆和表現手法，也知道得更清楚了。

齊老早年畫蝦的過程可概括為三個階段。他在五六十歲時畫的蝦，基本上是河蝦的造型，但其質感和透明度不強，蝦腿也顯得瘦，蝦的動態變化不大。到七十歲後，他畫蝦一度把蝦鬚加多，加強了蝦殼的質感和透明感。不久，他畫蝦把蝦頭前面的短鬚省略，只保留了六條長鬚。從齊老畫蝦對造型的三次變革來看，說明他對事物觀察的敏銳。他搞創作，從生活中吸取材料時，不僅觀察對象的結構、自然規律，更主要的是運用藝術規律抓住對象的特徵。

在畫蝦、塑造典型的過程中，我個人體會到，齊老的畫法之所以一變再變。他的意圖，首先是要不落前人窠臼，富於創造精神；另一點是他通過對生活的觀察，要塑造出他理想中的藝術典型。我認為，齊老繪畫創作的蝦，是他對生活的體驗、感受與他的主觀願望有機結合的成品。齊老常說，他年幼時為蘆蝦所欺。他的祖父說：「蘆蝦竟敢欺吾兒乎！」原來是蘆蝦把他的腳給鉗破了，這是他在生活中對於蝦的認識的一個側面。老師又常說，河蝦雖味鮮，但不如對蝦更豐滿；對蝦固然肥碩，但無河蝦的長鉗造型之美。這就說明齊老畫蝦的藝術創作，是有深厚的生活基礎的。這正是齊老敢於獨創的動力。

齊老塑造的生動的河蝦兼對蝦的形象，是取河蝦及對蝦各自的特徵，按照齊老自己想像中的蝦，而創造了蝦的藝術典型形象。

老師喜食螃蟹。買到蟹後，他也是反覆地觀察。老師向我說：「古人畫蟹，多重視蟹鉗，忽視蟹腿。而我畫蟹，則主要是畫好蟹的腿爪。」一次老師讓我買蟹，我買回來之後，他把每個蟹腿都捏了捏，然後告訴我說：「你買蟹，不要只看蟹的大小，要捏一下蟹腿是否飽滿，腿硬則

1 創作中的齊白石

肥，腿癟則瘦。」他向我指出，畫蟹的腿爪，一是不要畫成滾圓的，而應當畫得扁而鼓、有稜角、飽滿，要畫出腿殼的質感來；二是要畫出蟹橫行的特點來，不要像蜘蛛那樣向前爬。當他看到我畫的蟹，特意給我指出沒有畫出橫行的姿態，要我再細緻地觀察蟹腿的活動規律。他說八條蟹腿的活動，要如人之四肢，左右活動差不多，左伸而右必屈，右伸而左必屈，但亦不可死用這個規律，如果死用這個規律，那又會失其生動的神態。他更提出要求，說畫蟹腿最好能畫出帶毛的感覺來，這是用水墨的技巧達到較高的程度，才能畫出來的，要想畫好，只有不斷地練習水墨功夫。

齊老說，畫寫意畫沒有細緻的觀察，就概括不出對象的神態；但是畫得太細緻，就和掛圖一樣，那就不是畫了。他說：「太似則媚俗，不似為欺世，妙在似與不似之間。」畫好就好在似與不似之間，這是齊白石先生的畫論，也是我學畫的座右銘。

我常常看到我的一些師兄們找白石老師看畫，請他指教。老師看了一會，常說：「也還要得。」很少給他們指出什麼毛病，或提什麼意見，態度比較和婉。而齊老對我這個最小的徒弟卻很嚴格。對於我的畫，尤論是臨摹的或是自創的，凡是他認為畫得好的，就給我題詞鼓勵。老師曾在我畫的幾十幅畫上題字，都不是我請求他題的，而是他自己主動題的，所以他寫了「皆非所請，予見其善不能不言」。

但是，當老師看到我的畫上有毛病，必定嚴肅地指出，有時還批評。我初學畫工筆草蟲時，老師看了我畫的一隻螳螂，他問：「你數過螳螂翅上的細筋有多少根？仔細看過螳螂臂上的大刺

2 齊白石在家門口

嗎？」我答不出來。老師又說：「螳螂捕食的時候，全靠兩臂上的大小刺來鉗住小蟲，但是你這刺畫得不是地方，它不但不能捕蟲，相反還會刺自己的小臂。」可見老人對小蟲觀察入微，這是多麼嚴肅的批評和教誨啊！

一九五〇年，人民畫報社請白石老師畫「和平鴿」。老師對我說：「我過去只畫過斑鳩，沒有養過鴿子，也沒有畫過鴿子。這次他們要我畫鴿子，我就請他們買鴿子來仔細看看再講。」當時我自作聰明地說，鴿子與斑鳩樣子差不多，盡管去畫。老師聽了很不以為然，「嘿嘿」了兩聲，用他一雙敏銳的眼睛看了我一眼，沒說話。後來把買來的鴿子放在院子裡，反覆觀察鴿子行走的動態；又花費了一天的時間，到他養鴿子的學生家裡去熟悉鴿子的生活，觀察鴿子飛起來落下去的動態，老師曾有這樣一段話：「凡大家作畫，要胸中先有所見之物，然後下筆有神。故與可（北宋畫家）以燭光取竹影，大滌子嘗居清湘，方可空絕千古。」

每逢老師發現我學畫不認真、不虛心，或者應付，畫得不對的時候，他就說：「我教你作畫，就像給女孩子梳頭一樣，根根都給你梳通了。」老師盡心地教我，唯恐我不能體會。他的表白，使我非常感動，永遠記在心上。正是在白石老師嚴格要求、親身帶領下，我亦步亦趨地學，才比較深地繼承了老師的一些本領，在中國畫的創作上有了一點成就。

憶念趙敏恆師

沈蘇儒

長久以來，我一直想寫一點文字來寄託我對趙敏恆師（一九〇四—一九六一）的憶念，但每次提筆總覺得心情沉重，遲遲未能著墨。近來在整理我一九四六年秋訪問印尼時所做報道和電訊時，敏恆師的音容笑貌屢屢再現在眼前，終於定下心來開始動筆。

我在大學裡學的是外國文學，但畢業以後的五六十年中，一直從事新聞工作。在這方面，我有兩位主要的老師，他們都是我國二十世紀中期非常傑出的新聞工作者，一位是劉尊棋老師，另一位就是趙敏恆老師。我稱他們為老師，是按中國文化傳統中把自己作為他們的「私淑弟子」而這樣稱呼的。我一九四五年大學畢業後先到美國新聞處中文部做翻譯，劉尊棋老師是中文部主任，他言傳身教，使我得到了關於新聞工作的啟蒙教育，也立下了終生從事新聞工作的志向。一九四六年我進上海《新聞報》編輯部工作，總編輯是趙敏恆老師，我是在他的教導和培養下成為一名記者的。所以我對這兩位老師十分敬愛。

趙敏恆老師作為青年才俊，一九二三年弱冠時就從清華大學畢業，赴美留學，先後在美國最著名的兩所新聞學府密蘇里新聞學院[1]和哥倫比亞大學新聞系學習，獲新聞學碩士學位（當

1 （上）20世紀40年代，趙敏恆在重慶與獨子趙維承合影。

2 （下）「戰時兒童保育委員會」發起人合影

時尚無新聞學博士學位）。一九二八年回國，初在北平《英文導報》任副總編輯，次年加入路透社，擔任遠東分社主任，前後十五年。在此期間，他因為首發了多項有關中國、震動世界的重大新聞（包括一九三一年「九一八事變」、一九三二年國聯李頓調查團秘密報告、一九三六年「西安事變」、一九四三年開羅會議等），蜚聲國際新聞界。其中最富有戲劇性的是一九三四年六月關於日本駐南京副領事藏本英明「失蹤」事件的報道。藏本因受其上級壓制，憤而出走，意圖自殺，但七天後在紫金山被發現。藏本失蹤後，日本政府誣稱藏本被中國人殺害，調集日艦到下關江面，氣勢洶洶，妄圖挑釁。藏本被發現後，對中國警方堅不吐實。趙師在採訪時贏得了他的信任，他始吐露真相，於是此事大白於天下，日本製造事端的企圖被粉碎，日本外務省情報局長天羽氣急敗壞，在東京誣稱趙師不是記者，是「中國最惡毒的宣傳員」。

以趙先生這樣的經歷和地位，按常理來推想，他應該是很「親西方」、很洋氣的一位高級知識分子。但事實上，他始終懷著一顆十分強烈的「中國心」。外灘的上海俱樂部是洋人的天地，向無中國來賓。一次，路透社一位高官請趙師在這個俱樂部吃飯，他沒在大廳簽名簿上寫他的英文名字 Thomas，而是用中文寫了自己的名字「趙敏恆」。

還有這樣一件事情能夠說明趙師作為中國人的骨氣。一九三二年，日本在上海發動了「一．二八」侵略戰爭，英國駐華公使蘭浦森從北平趕來上海準備調停。趙師獲悉後立即發了新聞。蘭浦森見後大發雷霆，下面是兩人間的一段對話：

蘭質問趙：「你沒有得到我的許可，為何亂發消息？！」

趙答：「你如認為消息不正確，可以更正。」

蘭追問趙消息來源，趙說：「新聞記者有保護新聞來源秘密的責任。」

蘭說：「我命令你說出來！」

趙答：「我是中國人，不歸你管！」

蘭生氣地說：「路透社是英國的通訊社。」

趙倔強地回答：「我對路透社負責，不對你負責。」說罷拂袖而去。後來蘭浦森果然致電路透社總社，要求撤換趙，總社沒有同意。儘管如此，趙的耿介和作為新聞記者的良知終於使他離開了這個當時居全球首位的新聞王國。他在「二戰」後期從英國途經非洲返回中國途中，寫了題為《倫敦去來》的長篇通訊報道，在重慶《新民報》上發表，對西方殖民主義者殘酷壓迫和剝削非洲各國人民的真相，多所揭露，影響很大。英國統治階層原來已對這樣一位有國際影響、堅持真理的中國記者十分惱火，於是通過路透社高層對他施壓，要他承認錯誤，並停止將《倫敦去來》的新聞報道出版成書。趙師堅決拒絕，並表示：「我自動辭職，並拒絕接受退職金。」

他離開路透社後除完成《新聞圈外》《外人在華新聞事業》《怎樣做一個成功的訪員》等著作外，應老報人成舍我之邀，出任重慶《世界日報》總編輯。抗戰勝利後，他應邀出任上海《新聞報》總編輯。當時中國歷史最悠久、實力最雄厚、發行量最大的三大日報都集中在上海，《新聞報》（一八九三年創刊）是其中之一，另外兩家是《申報》（一八七二年創刊）和《大公報》（一九〇二年在天津創刊，後將總部移至上海）。

前面已經提到，我在美國新聞處做翻譯時，在劉尊棋老師的薰陶下，對新聞工作產生了很大興趣，也懂得了有關新聞報道的一些基本知識。日寇投降後，我隨他調到上海。他後來除「美新處」的工作外，創辦了《聯合晚報》。有一天，他對我說：「你想在美新處 build up a career（開闢一個前途）是不現實的。」他這句話使我意識到，如果我真想做一個新聞工作者，必須進一家大的報社或通訊社去工作，並尋求接受高級專業教育的機會。這樣，我就在一九四六年初決心辭去「美新處」的工作，經人介紹去《新聞報》見趙敏恆師。趙師欣然接受了我。當時，趙師是總編輯，又兼管採訪部，他說，當記者要先從 local beat（新聞專業術語，指採訪本市新聞）做起，採訪本市社會新聞，是基本功。

趙師給我安排的第一課是去採訪當時發生的一樁德國僑民自殺案件。我現在已記不清楚當時我這個新手是怎麼東撞西撞去進行採訪的。我所記得的是我滿頭大汗地奔走於報社、德僑居所、醫院之間至少三次，就為了前兩次我都沒有弄清楚這個德僑到底死了沒有，向趙師報告，受到了他的批評。他說，這個德僑有沒有死是這則新聞的重點，必須弄清楚，否則就沒有新聞價值了（我現已記不得這個可憐的德僑到底死了沒有）。從這件事我開始體會到什麼叫作「跑新聞」，不「跑」，真是出不來新聞的。

老師給我安排的第二課是採訪政治新聞。政治新聞除了「跑」之外，還必須要弄明白新聞線索（包括形勢、背景），為此，記者就要廣交朋友，其中包括一些可以成為新聞來源的「關係」。為此，他派我去駐南京辦事處，任特派員陳丙一（趙師的得意門生）的助手。

趙師給我安排的第三課是採訪外事新聞。這是他培養我的重點，因為當時報社缺乏這方面的專業記者，我上過外文系，語言上基本沒有困難。所以南京辦事處的外事新聞由我分管。當時外交部新聞司司長張沅長是我中大❷的老師，次長（現在稱副部長）葉公超是趙師的友人，這就為我提供了便利條件。葉是位「才子」型的名人，風流倜儻，單身住在外交部大院的一座樓上，我常在他下班後去找他，他像對一個青年學生那樣接待我。

一九四六年秋，趙師派我隨「宣慰專使」李迪俊（大使銜）出訪印度尼西亞。印尼三百年來受荷蘭殖民統治，「二戰」期間為日寇佔領，日降後宣告獨立，成立印尼共和國，蘇加諾任總統，以爪哇內地城市日惹為臨時首都。荷蘭在英國等西方盟國支持下，力圖捲土重來，派兵佔領首都巴達維亞（現名雅加達）及若干重要城市。印尼有華僑、華裔二百萬，日佔時期已飽受苦難，日降後印尼國內局勢動盪，戰亂不已，華僑處於水深火熱之中，所以李專使此行任務十分艱巨，既要同盟軍總部和荷蘭總督府打交道，又要同尚未建立外交關係的印尼共和國來往並表示友好。也許，正是因為這次外交活動的特殊性，所以趙師才讓我這個初出茅廬的外事記者去實地見習一下。

在不足兩個月的時間裡，我隨宣慰團幾乎跑遍了這個「千島之國」，除爪哇全島的所有大小城市和巴厘島❸外，還到了蘇門答臘島南北兩大城市巨港和棉蘭，西里伯斯島❹的望加錫、加里曼丹島的坤甸和馬辰、邦加島、勿里洞島等處。當時交通困難，去外島須乘軍用飛機，李專使只能坐在機關鎗手的位置上，我們更只能是「隨遇而安」了。我們會見的各地華僑共計有四十萬人，他們的愛國熱情常使我激動至於淚下，而見到李專使周旋於對立雙方之間，才真正體會到外交工作「折衝樽俎」的含義。我深知這次隨訪是難得的學習和鍛煉機會，所以不顧旅途辛勞，先後發回電訊（英文）和通訊（中文）共五萬餘字。在印尼臨時首都，我還晉見了蘇加諾總統，這是他就任總統後第一次會見來自中國的記者。印尼總理兼外長夏利爾親撰告中國人民書，交給我在《新聞報》上發表，書中說，「我國之革命與中國之革命，完全相同，皆志在亞洲之再生……現在我們可以望我國與中國的未來關係——兩個友邦，並希望能早日實現」，這些都為以後十年裡，中國和印尼友好關係的建立起了一定的推進作用。

回國後，趙師對我的工作表示滿意，只是最後半開玩笑地說：「以後可不要再把情書夾在通訊裡咧！」原來，因為當時從印尼到中國通訊困難，我有幾次在電訊最後附言編輯部給我妻子陶琴薰打個電話報告平安，所以趙師這麼說。

我從印尼回國後，趙師就派我常駐南京，主要是負責外事報道，仍協助特派員陳丙一做政治新聞採訪工作，包括同中國共產黨駐南京代表團（在梅園新村）的聯繫。當時的代表團發言人、名記者范長江是我的堂兄、民主同盟重要領導人之一沈鈞儒的女婿，稍後范由梅益接替，仍同我保持聯繫。辦事處還有一位同事錢克顯，也是趙師的高足，負責軍事報道，後來增加一位比我們年輕、負責經濟報道的朱稼軒，另外有一位專職攝影記者王介生。

趙師對部屬的工作要求是非常嚴的，那時，同行間的競爭也非常激烈。我們在南京的採訪和寫稿工作一般從下午持續到午夜。當時的電信設施還很「原始」，我們的一部分時間性不強的新聞稿

3 （上）圖為蘇加諾總統於 1946 年 11 月 16 日在印度尼西亞臨時首都日惹接見本文作者。這是蘇加諾總統會見的首位中國記者。

4 （下）圖為宣慰團於 1946 年 11 月中旬由印度尼西亞政府外交部派員護送赴爪哇內地。後排右一為本文作者。

件和照片常常送到南京機場通過私人關係，托民航的朋友帶到上海，報社派人去取。主要的電訊稿件是夜間通過長途電話傳給上海總館的。南京辦事處有一位專職的譯電員，他把我們寫好的稿件，譯成電碼（這種電碼是電報局制訂的，每個漢字由四個數字作為代碼，如我的「沈」字是3088），然後用長途電話把這些代碼口頭報給報館，總館的譯電員記錄下來，再譯回漢字。這個過程一般要從晚上八九點時開始，到午夜後才結束，在這段時間裡，有時趙師還會直接用電話給指示。

趙師在總館另設專人每天負責把本報的重要新聞同《中報》《大公報》等主要報紙（也是我們的主要競爭對手）的重要新聞做對照研究，上報給趙師。趙師閱後，如我們有了獨家新聞（西方新聞術語中所說的scoop）就會來電話表揚；如我們漏報了或不如他報完善，他一定嚴厲批評。所以在他的領導下，大家從不敢有絲毫懈怠。我們的辦事處和《中報》辦事處正好在南京當時繁華的太平路的東西兩側，互相可以望見，兩家各有一輛採訪用的吉普車停在門口，一家的車如開動了，另一家聽到或看到後會立即去跟蹤，競爭的激烈於此可見。

趙師信奉新聞必須快速、真實、正確的原則。他常教導我們說，一張報紙要生存和發展，在於平時的新聞報道能為讀者所喜歡、需要和信任。也只有在這樣的基礎上，它才能發揮輿論的力量。

一九四八年，我在趙師的鼓勵和推薦下，向他的母校美國密蘇里新聞學院申請讀研究生，得到該院的錄取。但因我籌不到足夠的官價外匯，黑市又負擔不起，未能成行。這是我在新聞事業道路上遭遇的一次重大挫折，趙師也深為我惋惜。

當時，像趙師這樣在全球新聞界都出了名的高級專業人才，如果想出國工作是不怕找不到適當職位的。他自己也不是沒有動搖過。我記得大約在一九四九年初有一次在他的辦公室裡，他曾對我談起國外有人想請他去辦一張報紙，問我是否願意隨往。但以後他就沒再提起此事。我想他一定是在經過激烈的思想鬥爭後決定留下的。《新聞報》同事趙世洵在一篇回憶趙師的文章中記錄了一九五一年趙師同他握別時說的一句話：「我是一個中國人，要在中國做事，死也要死在中國！」趙師不能離開他的年邁父母，更不能離開祖國母親，我想這是他決心留下的根本原因。

趙師在抗戰時期即曾應聘擔任當時遷到重慶的復旦大學新聞系的教授，復旦新聞系主任陳望道即再聘趙師任教授。約在一九五〇年時，我曾同內子陶琴薰去看望過他和趙師母。趙師母謝蘭郁畢業於北京名校貝滿女中，抗戰時期先後參加馮玉祥夫人李德全等發起的「中國婦女慰勞總會」和「戰時兒童保育會」，多有勞績，解放初期曾任上海市婦聯委員。當時他們住在江灣一座日式的小樓裡（是復旦教師宿舍），趙師的心態還是很泰然的。我注意到他家裡仍放著一部短波無線電收音機。他曾說，聽新聞廣播是他生活和工作的不可或缺的部分。按當時的通訊技術，廣播是最快捷的傳播手段，他往往能一邊聽英文廣播、一邊就用中文寫出新聞稿，在時效上比外國通訊社發的通訊稿還快。據說趙師在復旦新聞系的講課「能兼容並包，吸收歐美蘇聯之長，又結合中國的實踐，有理論、有實踐、又有生活，受到學生的好評。他重視教授的人格，言教身教，培育新人，四十年後，他教過的學生還記得他的音容笑貌」。

以後我調到北京工作，就沒有機會再見到趙師。直到一九八五年我打聽到趙師母住址，給她去信問安。以後我因公私兩忙，未能常去信問候，趙師母病故，亦未及時獲悉，前往弔唁，深感愧疚。

趙師從二十二歲開始記者生涯到四十五歲的二十三年中，創造了世界知名的輝煌的新聞業績，他的名字將永遠銘刻在中國新聞史冊上。他能創造這些業績是由於他對新聞事業的熱愛和獻身精神、他的超常的新聞敏感（業內所說的「第六感」）、他的傑出的社會活動能力，還有他的廣博知識和中外文字功底，但最主要的還是他那顆赤誠的愛國心。趙師堅強勤奮的形象將永存我和他的許多學生、友人心間。

（作者按：本文所用趙師、師母照片均係趙維承兄提供，特此致謝。）

註釋

❶ 密蘇里新聞學院，即密蘇里大學新聞學院，為世界首個新聞學院。

❷「中大」疑指中央大學。

❸ 巴厘島，另稱「峇里島」。

❹ 蘇拉威西島，舊稱「西里伯斯島」，位於印度尼西亞東部的島嶼。

沈從文先生在西南聯大

汪曾祺

沈先生在聯大開過三門課：各體文習作、創作實習和中國小說史。三門課我都選了——各體文習作是中文系二年級必修課，其餘兩門是選修。

創作能不能教？這是一個世界性的爭論問題。很多人認為創作不能教。我們當時的系主任羅常培先生就說過：大學是不培養作家的，作家是社會培養的。這話有道理。沈先生自己就沒有上過什麼大學。他教的學生後來成為作家的，也極少。但是也不是絕對不能教。沈先生的學生現在能算是作家的，也還有那麼幾個。問題是由什麼樣的人來教，用什麼方法教。現在的大學裡很少開創作課，原因是找不到合適的人來教。偶爾有大學開這門課的，收效甚微，原因是教得不甚得法。

沈先生是不贊成命題作文的，學生想寫什麼就寫什麼。但有時在課堂上也出兩個題目。沈先生出的題目都非常具體。我記得他曾給我的上一班同學出過一個題目：「我們的小庭院有什麼」，有幾個同學就這個題目寫了相當不錯的散文，都發表了。他曾給比我低一班的同學出過一個題目：「記一間屋子裡的空氣」。給我的那一班出過些什麼題目，我倒不記得了。沈先生為什麼出這樣的題目？他認為：先得學會車零件，然後才能學組裝。我覺得先作一些這樣的片段的習作，是有好處的，這可以鍛煉基本功。現在有些青年文學愛好者，往往一上來就寫大作品，篇幅很長，而功力不夠，原因就在零件車得少了。

沈先生的講課，可以說是毫無系統。前已說過，他大都是看了學生的作業，就這些作業講一些問題。他是經過一番思考的，但並不去翻閱很多參考書。沈先生讀很多書，但從不引經據典，他總是憑自己的直覺說話，從來不說阿里斯多德怎麼說、福樓拜怎麼說、托爾斯泰怎麼說、高爾基怎麼說。他的湘西口音很重，聲音又低，有些學生聽了一堂課，往往覺得不知道聽了一些什麼。沈先生的講課是非常謙抑，非常自製的。他不用手勢，沒有任何舞台道白式的腔調，沒有一點譁眾取寵的江湖氣。他講得很誠懇，甚至很天真。但是你要是真正聽「懂」了他的話——聽「懂」了他的話裡並未發揮罄盡的餘意，你是會受益匪淺，而且會終生受用的。聽沈先生的課，要像孔子的學生聽孔子講話一樣：「舉一隅而三隅反。」

沈先生關於我的習作講過的話我只記得一點了，是關於人物對話的。我寫了一篇小說（內容早已忘記乾淨），有許多對話。我竭力把對話寫得美一點，有詩意，有哲理。沈先生說：「你這不是對話，是兩個聰明腦殼打架！」從此我知道對話就是人物所說的普普通通的話，要盡量寫得樸素。不要哲理，不要詩意。這樣才真實。

沈先生經常說的一句話是：「要貼到人物來寫。」很多同學不懂他的這句話是什麼意思。我以為這是小說學的精髓。據我的理解，沈先生這句極其簡略的話包含這樣幾層意思，小說裡，人物是主要的，主導的；其餘部分都是派生的，次要的。環境描寫、作者的主觀抒情、議論，都只能附著於人物，不能和人物游離，作者要和人物同呼吸、共哀樂。作者的心要隨時緊貼著人物。什麼時候作者的心「貼」不住人物，筆下就會浮、泛、飄、滑，花裡胡哨，故弄玄虛，失去了誠意。而且，作者的敘述語言要和人物相協調。寫農民，敘述語言要接近農民；寫市民，敘述語言要近似市民。小說要避免「學生腔」。

我以為沈先生這些話是浸透了淳樸的現實主義精神的。

沈先生教寫作，寫的比說的多，他常常在學生的作業後面寫很長的讀後感，有時會比原作還長。這些讀後感有時評析本文得失，也有時從這篇習作說開去，談及有關創作的問題，見解精到，文筆講究。——一個作家應該不論寫什麼都寫得講究。這些讀後感也都沒有保存下來，否則是會比《廢郵存底》❶還有看頭的。可惜！

沈先生教創作還有一種方法，我以為是行之有效的，學生寫了一個作品，他除了寫很長的讀後感之外，還會介紹你看一些與你這個作品寫法相近似的中外名家的作品。記得我寫過一篇不成熟的小說《燈下》，記一個店舖裡上燈以後各色人的活動，無主要人物、主要情節，散散漫漫。沈先生就介紹我看了幾篇這樣的作品，包括他自己寫的《腐爛》。學生看看別人是怎樣寫的，自己是怎樣寫的，對比借鑒，是會有長進的。這些書都是沈先生找來，帶給學生的。因此他每次上課，走進教室裡時總要夾著一大摞書。

沈先生就是這樣教創作的。我不知道還有沒有別的更好的方法教創作。我希望現在的大學裡教創作的老師能用沈先生的方法試一試。

學生習作寫得較好的，沈先生就做主寄到相熟的報刊上發表。這對學生是很大的鼓勵。多年以來，沈先生就幹著給別人的作品找地方發表這種事。經他的手介紹出去的稿子，可以說是不計其數了。我在一九四六年前寫的作品，幾乎全都是沈先生寄出去的。他這輩子為別人寄稿子用去的郵費也是一個相當可觀的數目了。為了防止超重太多，節省郵費，他大都把原稿的紙邊裁去，只剩下紙芯。這當然不大好看。但是抗戰時期，百物昂貴，不能不打這點小算盤。

沈先生教書，但願學生省點事，不怕自己麻煩。他講《中國小說史》，有些資料不易找到，他就自己抄，用奪金標毛筆，筷子頭大的小行書抄在雲南竹紙上。這種竹紙高一尺，長四尺，並不裁斷，抄得了，捲成一卷。上課時分發給學生。他上創作課夾了一摞書，上小說史時就夾了好些紙卷。沈先生做事，都是這樣，一切自己動手，細心耐煩。他自己說他這種方式是「手工業方式」。他寫了那麼多作品，後來又寫了很多大部頭關於文物的著作，都是用這種手工業方式搞出來的。

沈先生對學生的影響，課外比課堂上要大得多。他後來為了躲避日本飛機空襲，全家移住到呈貢桃園，每星期上課，進城住兩天。文林街二十號聯大教職員宿舍有他一間屋子。他一進城，宿舍裡幾乎從早到晚都有客人。客人多半是同事和學生，客人來，大都是來借書，求字，看沈先生收到的寶貝，談天。

沈先生有很多書，但他不是「藏書家」，他的書，除了自己看，是借給人看的。聯大文學院的同學，多數手裡都有一兩本沈先生的書，扉頁上用淡墨簽了「上官碧」的名字。誰借了什麼書，什麼時候借的，沈先生是從來不記得的。直到聯大「復員」，有些同學的行裝裡還帶著沈先生的書，這些書也就隨之而漂流到四面八方了。沈先生書多，而且很雜，除了一般的四部書、中國現代文學、外國文學的譯本，社會學、人類學、黑格爾的《小邏輯》、弗洛伊德、亨利．詹姆斯、道教史、陶瓷史、《髹飾錄》、《糖霜譜》……兼收並蓄，五花八門。這些書，沈先生大都認真讀過。沈先生稱自己的學問為「雜知識」。一個作家讀書，是應該雜一點的。沈先生讀過的書，往往在書後寫兩行題記。有的是記一個日期，那天天氣如何，也有時發一點感慨。有一本書的後面寫道：「某月某日，見一大胖女人從橋上過，心中十分難過。」這兩句話我一直記得，可是一直不知道是什麼意思。大胖女人為什麼使沈先生十分難過呢？

沈先生對打撲克簡直是痛恨。他認為這樣地消耗時間，是不可原諒的。他曾隨幾位作家到井岡山住了幾天。這幾位作家成天在賓館裡打撲克，沈先生說起來就很氣憤：「在這種地方，打撲克！」沈先生小小年紀就學會擲骰子，各種賭術他也都明白，但他後來不玩這些。沈先生的娛樂，除了看看電影，就是寫字。他寫章草，筆稍偃側，起筆不用隸法，收筆稍尖，自成一格。他喜歡寫窄長的直幅，紙長四尺，闊只三寸。他寫字不擇紙筆，常用糊窗的高麗紙。他說：「我的字值三分錢！」從前要求他寫字的，他幾乎有求必應。近年有病，不能握管，沈先生的字變得很珍貴了。

沈先生後來不寫小說，搞文物研究了，國外、國內，很多人都覺得很奇怪。熟悉沈先生的歷史的人，覺得並不奇怪。沈先生年輕時就對文物有極其濃厚的興趣。他對陶瓷的研究甚深，後來又對絲綢、刺繡、木雕、漆器……都有廣博的知識。沈先生研究的文物基本上是手工藝製品。他從這些工藝品看到的是勞動者的創造性。他為這些優美的造型、不可思議的色彩、神奇精巧的技藝發出的驚歎，是對人的驚歎。他熱愛的不是物，而是人，他對一件工藝品的孩子氣的天真激情，使人感動。我曾戲稱他搞的文物研究是「抒情考古學」。他八十歲生日，我曾寫過一首詩送給他，中有一聯「玩物從來非喪志，著書老去為抒情」，是紀實。他有一陣在昆明收集了很多耿馬漆盒。這種黑紅兩色刮花的圓形緬漆盒，昆明多得是，而且很便宜。沈先生一進城就到處逛地攤，選買這種漆盒。他屋裡裝甜食點心、裝文具郵票的，都是這種盒子。有一次買得一個直徑一尺五寸的大漆盒，一再撫摩，說：「這可以做一期《紅黑》雜誌的封面！」他買到的緬漆盒，除了自用，大多數都送人了。有一回，他不知從哪裡弄到很多土家族的桃花布，擺得一屋子，這間宿舍成了一個展覽室。來看的人很多，沈先生於是很快樂。這些桃花圖案天真稚氣而秀雅生動，確實很美。

沈先生不長於講課，而善於談天。談天的範圍很廣，時局、物價……談得較多的是風景和人物。他幾次談及玉龍雪山的杜鵑花有多大，某處高山絕頂上有一戶人家——就是這樣一戶！他談某一位老先生養了二十隻貓。談一位研究東方哲學的先生跑警報時帶了一隻小皮箱，皮箱裡沒有金銀財寶，裝的是一個聰明女人寫給他的信。談徐志摩上課時帶了一個很大的煙台蘋果，一邊吃，一邊講，還說：「中國東西並不都比外國的差，煙台蘋果就很好！」談梁思成在一座塔上測繪內部結構，差一點從塔上掉下去。談林徽因發著高燒，還躺在客廳裡和客人談文藝。他談得最多的大概是金岳霖。金先生終生未娶，長期獨身。他養了一隻大鬥雞。這雞能把脖子伸到桌上來，和金先生一起吃飯。他到處搜羅大石榴、大梨。買到大的，就拿去和同事的孩子的比，比輸了，就把大梨、大石榴送給小朋友，他再去買！沈先生談及的這些人有共同特點，一是都對工作、對學問熱愛到了癡迷的程度；二是為人天真到像一個孩子，對生活充滿興趣，不管在什麼環境下永遠不消沉沮喪，無機心、少俗慮。這些人的氣質也正是沈先生的氣質。「聞多素心人，樂與數晨夕」，沈先生談及熟朋友時總是很有感情的。

沈先生在生活上極不講究。他進城沒有正經吃過飯，大都是在文林街二十號對面一家小米線舖吃一碗米線。有時加一個西紅柿，打一個雞蛋。有一次我和他上街閒逛，到玉溪街，他在一個米線攤上要了一盤涼雞，還到附近茶館裡借了一個蓋碗，打了一碗酒。他用蓋碗蓋子喝了一點，其餘的都叫我一個人喝了。

沈先生在西南聯大是一九三八年到一九四六年。一晃，四十多年了！

註釋

❶《廢郵存底》為沈從文與蕭乾的書信體文論集，由巴金編輯成集。

1 （上）20歲的沈從文獨照

2 （下）年輕時的沈從文與張兆和（合影）

我的老師謝孝思先生

馮蘭瑞

吾師謝孝思生於一九〇五年，字仲謀，貴州貴陽人，一九三三年畢業於中央大學藝術教育系，師從汪采白、呂鳳子。現為中國美術家協會會員，中國書法家協會會員，是我國當代著名書畫家。二十世紀三十年代孝思先生曾任貴陽達德學校校長，與黃齊生先生一起從事抗日救亡活動。一九三九年起，先後在國立社會教育學院、蘇南文化教育學院等校任教授。一九五三年受任蘇州市文化局長兼園林修整委員會主任，並歷任全國政協委員、蘇州市政協副主席、蘇州市文聯名譽主席、中國民主促進會中央委員、民進蘇州市主任委員等職。癸未❶八月下旬先生屆滿九九高壽，特撰此文祝賀先生百年期頤之喜。

我受教於孝思先生是十五歲在達德中學就學時代，時值一九三五年日本侵佔我華北，形勢緊張，而我已初步接觸了一些愛國進步思想。上女師讀初中時，覺得學校封建傳統很深，家長制作風濃厚，學生動輒得咎，常受斥責處罰。我入學不久即感到很不自在，與大姐蘭徵所在的達德對比之下，心情更加不快。初二那年，記不起為了何事，我在課堂上得罪老師又不肯認錯而被除名。這時大姐已以優秀成績從達德初中畢業。幸得她找了達德學校周杏村校長和謝孝思先生說情，允許我到達中初三插班。我這才得把初中讀完。

達德是私立學校，一九〇一年由黃干夫、凌秋鶚、黃齊生創辦，名達德書院。一九〇四年成為達德學堂，對教育進行了諸多改革。自一九一七年始，黃齊生先生倡導並率領貴州自費和半官費生（包括孝思先生的同學、齊生先生外甥王若飛）東渡日本留學，以後又赴法國勤工儉學。齊生先生在歐洲三年遊學期間，與共產黨元老蔡和森、徐特立等交厚。回國後，齊生先生曾任達德學校校長，一九三六年孝思先生接任達德校長。正是由於這些影響，達德學校成為貴州唯一一所有民主愛國傳統的學校，這裡處處令人感受到與女師迥然不同的自由、舒適的氣氛。

當年孝思先生是我們年級的級任和國文教員，幾乎每天都有他的課。由於是級任先生，與學生接觸較多，很是平易近人，和藹可親。我們班上同學四十名左右，其中八名女生（達德是男女合校，這也是貴州當年的唯一），我入學不久就與女同學們很合得來。我們常在課餘時背誦謝先生教的散文詩詞，互相討論切磋。為準備校慶，我們要繡一幅畫獻禮，就請先生在白布上描畫，給我們繡。先生還教我們女生唱崑曲。記得在全校大會上，幾個女同學唱《牡丹亭》裡的「遊園」，先生吹笛伴奏，印象很深。

當時各校是否有統一的課本我不清楚，只記得達德學習的教材大都是先生選定的。課堂上，孝思先生給我印象最深的第一件事就是他親手選錄了一些唐詩，自己掏錢石印，發給學生人手一冊。這在女師是根本不會有的事。詩集自右至左豎行毛筆書寫，深藍色封面，左上方白底黑字「唐詩二十首」，典雅大方。當時我還不知道他本是一位書法家，也不懂書法什麼的。只因這是先

1 （上）1935年，謝孝思（右）、劉叔華（左）與黃齊生先生（中）攝於貴陽。

2 （下）1950年，謝孝思（左二）與友人合影。

生親自抄錄的詩，一手毛筆字很漂亮，拿起這本薄薄的線裝書，自有一股書香氣息，真是愛不釋手。二十首都是七律，有的原已讀過還背得出，但在聽了先生講解之後，才體會到其中深含的韻味和含蓄的愛國思想。

先生上課不用講稿，講起來旁徵博引，深入淺出，引人入勝。例如王昌齡的《出塞》之一：「秦時明月漢時關，萬里長征人未還。但使龍城飛將在，不教胡馬度陰山。」小時候在《唐詩三百首》中讀過，那時實際不懂，只表面上明白後面兩句，簡單幼稚地覺得，如果有個「龍城飛將」，就不能讓侵略者打進來了。至於這首詩何以要從千百年前的秦漢關山講起，從來也沒有想過，只因為詩很美，又順口，就記住了。經先生一講，才明白此詩首句十分重要。原來《出塞》是一首樂府詩，是可以譜曲傳唱的。「關山」「明月」則是過去樂府詩寫征人思歸、思婦懷遠常用的詞。講解時先生還舉了另一些詩為例，如「烽火城西百尺樓，黃昏獨坐海風秋。更吹羌笛關山月，無那金閨萬里愁」，等等。以關山月、羌笛來表現家人離亂、役率戍邊、征人懷鄉思親的意境，感人至深。先生說，這首《出塞》詩之為好詩，還在於它一開頭就從遠古秦漢的明月、關山說起，不是僅僅從眼前下筆，從而概括了千古興亡戰亂給平民百姓帶來的苦難，使全詩有了一種雄渾蒼茫的意境。再聯繫當年日帝入侵，國民政府不抵抗，而失去了我東北三省大片國土，能不思量有個保家衛國的「龍城飛將」嗎？當然先生在談這個觀點時很含蓄，畢竟那是在「國統區」。

課堂上除了唐詩外，先生講解的古文更多。《過秦論》《報任安書》《弔古戰場文》《出師表》

《赤壁賦》……還有宋詞和元曲等。總之，先生的語文課使我對我國古典文學產生了濃厚的興趣；還按先生的要求每天寫一篇日記，為我以後的文字工作打下了基礎。

第二件對我影響深遠的，是孝思先生的教育思想和教育方法。先生認為教育不僅是向學生傳授知識，培養學生的創作能力，更重要的是教學生怎樣做人，做一個純真高尚的人。二〇〇一年我去貴陽祝賀先生九七華誕，臨別時先生贈我一幅奇石畫，題詞曰：「磊磊落落。」這四個字是先生獨立人格的寫照，也是先生誨人不倦的箴言。

在達德學校時，先生是怎樣培育學生品德的？他不是板起面孔來說教，要求學生應該這樣應該那樣，而是精選一些文章加以深刻剖析而對學生發生潛移默化的作用。

例如，先生講授的國文課中，有一篇《北山移文》。作者會稽人孔德璋，因鄙薄周彥倫的為人，寫了這篇文章給鍾山英靈，要求將它刻在山庭之上，借山靈之意不讓此君再入此山。「移文」是古文的一種文體。近查閱新出版的《古文鑒賞辭典》，有對此文的註解說，周一直做官，並無隱居鍾山之事，僅在鍾山有一草堂，天熱時偶爾去住。又說孔、周二位乃是友人，此文為孔、周之間的「戲文」，因文章寫得好而成為流傳千古的名篇。

兩說何者屬實，非我所能考。但不論文中所談是否真有其事，此文思想明朗，文字優美流暢，對我們這些十五六歲的青少年來說，其潛移默化的作用不可低估，的確是一篇品德教育的好文章。此文之所以能流傳千古，不僅因為它的文字優美，也由於它所宣揚的思想人品具有震撼力吧！

3 1982年3月，本文作者（前右）去蘇州拜望謝孝思先生時合影。前左為師母劉叔華。

這篇文章先生講解得非常仔細，我也聽得十分認真，講了幾堂課才講完。最後先生提起不久前英年早逝的胞弟謝孝慈，說他也很喜歡這篇文章，討厭周氏這樣的為人。孝慈在病中還要乃兄為他朗讀一遍。先生兄弟情深，談到此處，不禁噓唏。課堂則鴉雀無聲了。

先生的為人，正是學生的榜樣。一九八二年我首次專程前往蘇州拜望先生，聞知先生關心家鄉建設，以耄耋之年還要經常回家鄉探望。我貿然提問：與其如此長途跋涉，何不當年回貴州定居？先生說，本來一九四五年日本投降後先生隨社會教育學院遷到蘇州，當時曾有回家鄉為教育事業服務的打算。經與貴陽方面聯繫，貴陽國民黨黨部卻提出要寫一書面保證不參與進步活動。對此無理要求，先生憤然拒絕，遂在蘇州落戶。孝思先生是老一輩知識分子中的硬骨頭，令我益加敬佩。

二〇〇〇年六月，得知叔華師母仙逝，心裡很難過，又擔心先生健康，想前去看望他老人家。以後得知先生青健如常，已回家鄉定居，由大師妹小松照料，遂較放心。二〇〇一年，先生九七華誕，我與上海的四妹相約同時回貴陽老家，為先生祝壽，探望親友，並對貴州社會保障做點考察。我三弟世則中小學均就讀於達德學校，當年孝思先生任達德校長，是先生的入門弟子，這次因故未能同去祝壽。我出發前即與世則弟為慶祝先生九七華誕一起擬了一副壽聯，曰：「世紀師表桃李滿天下，達德風骨五嶽共仰之。」請老伴李昌毛筆書寫，我姐弟二人署名，帶到貴陽。在省府陳大衛同志的親切關懷下，我與四妹蘭馨夫婦、憶玲妹、大女兒李玉和長住貴陽的五弟世型夫婦、表弟楊守達等親友及先生家屬在雲岩賓館為先生祝壽。牆壁上掛著我帶去的「慶壽圖」，是李昌家鄉湖南產工藝品。此圖大紅底色，上面織就一位老壽星，兩旁是民間流行的祝詞：「福如東海長流水，壽比南山不老松。」喜氣洋洋的會場上，我們向先生獻上了從北京帶去的壽聯，蘭馨代表我們獻花，很是熱鬧。貴陽電視台聞訊亦派記者採訪攝像。那天先生非常高興，朋友們還唱了歌，蘭馨唱起了當年從我學的先生教的崑曲。我對先生說，她是您的再傳弟子，先生開心地笑了。先生還給我們唱了一首詠唱甲秀樓的歌。遺憾的是，李昌送給先生的祝壽詩寄到時慶祝會已開過，只好在辭行那天送去了。八月下旬回京前，我們去向先生告辭，先生贈我一幅題了字的奇石畫，已述如前。這天，我們還碰見了謝友蘇師弟，他們夫婦從蘇州專程去貴陽探望老父，可惜也沒有趕上那天的慶祝會。寥寥數日聚會，臨別依依不捨。我對先生說，先生期頤之年，我還要再來貴陽。

哪知先生二〇〇二年又回蘇州去了。今年春節電話拜節問安，才知先生去年十月東山之遊受涼感染，住院治療至今。此文結束時，我再次衷心祝願老先生早日康復，安好。今年先生九九華誕，過了生日就是百歲，屆時我一定要去蘇州給老先生拜壽。

註釋

❶「癸未」年，經與謝氏生年推算，即二〇〇三年。

一代孤高百世師——憶林宰平先生

吳小如

近時報刊涉及當年清華大學國家研究所的報道多起來了，追憶陳寅恪、吳宓諸先生舊事的文章亦時有所見。曾在所中執教的著名學者如王國維、梁啟超，連海外人士也津津樂道。然而國學研究所中還有一位德高望重的大學者林宰平先生（名志鈞），除張中行先生幾年前曾寫過一篇回憶短文外，幾乎再沒有人提及。筆者有幸，自二十世紀四十年代初至一九六〇年宰老以患癌症病逝於北京為止，前後追隨老人近二十年。儘管我在抗戰勝利後成為宰老哲嗣林庚先生的學生，論理應稱宰老為太老師；但以拜識宰老的時間在先，故宰老始終以忘年交相待，我往往在不知不覺中得到宰老不遺餘力的提攜策勵。宰老辭世迄今已三十多年，每一追思，老人慈祥仁藹的音容猶歷歷在我心目。如果說我在做人處世方面還能勉強做到俯仰無愧怍，那麼同宰老對我的潛移默化的身教是分不開的。

宰老是梁任公先生的摯友。近人梁容若在其所著《梁啟超傳》中有一段話專論《飲冰室合集》的成書，今照錄如下：

《飲冰室合集》，一九三二年林志鈞編，上海中華書局出版。分為文集與專集，各自編年……共四十冊，末附殘稿存目凡十九種。林志鈞與任公為多年知交，任公卒後，家屬承遺命，以編訂全集之責託付林氏，故本書為搜羅任公著作最完備者。活用編年與分類，極具匠心。（《文學二十家傳》第三六七——三六八頁，北京中華書局一九九一年出版）

對宰老的評價很高，卻又是實事求是的。

二十世紀二十年代，沈從文先生初入北京，年僅二十，一面試寫文章向各報投稿，一面過著饑一頓飽一頓的漂泊羈旅生涯。而宰老獨具慧眼，愛才若渴，一見其文，即想方設法打聽到從文先生的住處，並親自去訪問這位年輕人。宰老不但在友好間對從文師揄揚獎譽，而且在經濟上更不時援手。我初識從文師，就是一九四六年在北京宰老寓所的座上相遇的。後來我到北大讀書，從文師每與我談及宰老同他昔年相識的情景，由於從文師極重感情，往往熱淚盈眶。我曾捫心自揣，從文師之所以對我獎掖垂青，恐怕也是宰老時有過譽之言的緣故。

一九三七年抗日戰爭爆發，宰老因年事已高，未隨清華南遷，乃避居於天津英租界馬場道，恰好同我的住處隔街相望。四十年代初，我肄業於天津工商學院，由同學楊某之介，登樓拜謁宰老。竟承老人厚愛，第一次見面便接席長談。宰老客中寂寞，我便從學校圖書館借來出版不久的幾本哲學新著，如馮友蘭的《新理學》、金岳霖的《論道》等，供宰老披覽。有一次宰老出示一篇手稿，是與《論道》進行商榷的，據理駁辯，措辭嚴厲。我一面拜讀，一面對宰老說：「這樣寫，是否語氣有點尖銳？」宰老當時未置可否。過了一段時間，宰老以柬召我去取書，囑我把金著歸還。這時宰老又給我看了與《論道》商榷的另一稿本，語氣與前稿迥異，而且凡書中精闢可取處皆一一表而出之，兩稿幾乎不似出於同一作者之手。這時宰老對我說：「初稿不免感情用事。龍蓀（金岳霖先生的表字）學養功深，不宜一筆抹殺。若非足下前次提及，幾乎鑄造成大錯。古人說『下筆令人慚』，信非虛言！」我聽了立時大受感動。因知老輩做人治學，如此虛懷若谷，竟以愚稚後生一言，便把文章重新寫過。蓋宰老平時從不品陟或臧否時賢，對我的教誨也一向以身教而罕以言責。我與宰老比鄰時，一度從學章草，每將日課呈覽，也總是先肯定有進步，然後再詳示不足之處，令人心悅誠服。後來我又學寫舊詩，宰老也為之一一指瑕。我開始讀清人舒鐵雲、鄭子尹的詩，都是受宰老親切指點。我曾向先父轉述宰老作詩心得，先父也寫了詩向宰老求正。今宰老《北雲集》中有與先父唱和之作，就是四十年代中期寫的。當時先父有七律一首贈宰老，是由我面呈的，故至今猶能背誦。全詩如下：

細字飛毫精力滿，古稀庸獨美於詩。
中原板蕩平生守，一代孤高百世師。
正色誰同仇季智，存人不見鄭當時。
學宮卅載垂風氣，擲筆吟成有所思。

宰老得詩，喟然太息。私心則以為先人之言，宰老足當之無愧也。

一九四八年夏，宰老一度遷住上海，由我護送至津港上船。到滬後經常有信賜我，對我鍾愛有加，竟呼我的乳名。中華人民共和國成立後，宰老又回到北京。一九五一年我自天津調到北京工作，從此過從愈密。宰老見我已在大學教書，便對我說：「你已為人師表，不好再叫你乳名，還是叫你小如吧。」有一次侍座之際，宰老不知談到一件什麼大事（大約是乘車不給老人讓座之類），對世風頗有感慨，曾對我說：「足下能待人以誠，在今日已很難得。為人當宅心仁厚，且勿以涼薄待人。」這是老人對我唯一的一次面誨，迄今已將四十年。每當我遇到拂逆坎坷之時，宰老的金玉良言便警醒於耳際。

今年到德國講學，由於要介紹林琴南，乃重讀《畏廬文集》。偶於《續集》中得《贈林宰平序》一篇，其略云：

紓頹老不振於世久矣。每與鄉之英俊接，則屏息惴恐，患其僇辱……今得林生宰平，始廓然不置疑於其間也。生以三十之年，當辛壬綱轄崩敝之際，百黨囂呶，生獨有見於其大者。不豔奇而逐名，不諂俗而徇利，湛然弗滌而清，悴然無懾而靖，能文章，未嘗與時彥斗竟而求高，而又無忤於俗。嗚呼！自余目中所見之英俊，生其最矣……生才美忠信……知黨爭之為禍，預有以遠之，智也；不依階以求進，望望然去之，讓也；悉聲論之無準，接人必恕，仁也。合仁讓與智，君子也。友君子不當以其年，余故自忘其老，即用是言以進交於宰平。

其揄揚獎譽宰老，一如宰老之於沈從文師。可見宰老一生，始終以推轂後進為己任，更以忠恕待人，以無言之教啟迪青年。唯我平生情性褊急易怒，且每以直言嫉惡賈禍，不能認真做到動心忍性，以仁厚之心對待橫逆之來侵。每一念及，實愧對宰老諄諄遺愛。今成此小文，既對宰老略表微忱，亦兼有自警自責之意耳。

徐輝老師這一生

許學芳

寫下這行題目，心中五味雜陳。我不知道該怎樣評說徐輝老師的一生。他的經歷，其真實感受，只有他自己最清楚；作為晚輩，作為他的學生，我只能結合當時的背景，簡述如下：

他是浙江永康人，生於一九二六年，地主家庭。從小讀書，一九四八年中國新聞專科學校新聞專業（該專業後來併入復旦大學新聞系）肄業（讀了兩年）。一九四九年一月參加工作，先在永康縣政府秘書科任秘書，後在浙江省幹部學校教育處任校刊編輯。一九五〇年在北京入伍，任軍委鐵道兵團政治部《人民鐵軍報》見習編輯、編輯。

朝鮮戰爭爆發，他以隨軍記者身份入朝。從朝鮮回來後即復員，他沒有回浙江，而是選擇了山東。徐輝老師後來告訴我，那時他是有機會留政府機關工作的，但他說他還是喜歡教書，喜歡當教員。就這樣，他來到了濰坊二中，教高中語文，從此他就再也沒離開過教育。

一九五九年至一九六一年，我在濰坊二中讀初一、初二，徐輝老師教高一語文。在二中，徐老師的聲望很高，我們初中的學生也都知道他，仰慕他。一九六一年國家經濟困難，讀中學的農村孩子戶口一律遷回農村。這年秋天，我升初三，戶口遷回農村，我讀書的學校也由濰坊二中轉

1 （上）1955 年徐輝在瀋陽留影，時任解放軍某速成中學教師。

2 （下）1959 年，徐輝夫婦與母親及長子攝於濰坊二中。

到了離家較近的濰坊四中。在四中上了不到一星期，一天，突然有人告訴我，說徐輝老師調到濰縣十中教初三了。聽到這個消息，我們七八個同學當天下午就辦了轉學手續，第二天就到濰縣十中報到去了。這個學校就在我們鄉（濰縣溝西鄉），離我家二里地，是由原來的一所農業中學改建的，條件十分簡陋，我們轉到這所學校來，就是奔著徐輝老師去的！

徐輝老師調到濰縣十中任教，現在想來，多半也是為了照顧家庭。徐老師的愛人王璇老師，就在我們村（溝西鄉大營子村）教小學。濰縣十中沒有宿舍，徐老師一家就住在我們村西頭一戶農民家的烤煙房裡。房子是土坯壘的，隔成了三小間，內牆用黃泥抹了抹，東間房裡盤了一片土炕。我去過他家兩次：一次是徐老師要在村南邊的溝裡開荒，我去他家送工具；一次是放學的時候，徐老師要我捎給他母親一封信，是母子倆商量晚上怎麼做飯的。那時候，徐老師家口糧也很緊張，他需要在南溝裡開墾荒地，種一點地瓜、蔬菜，補貼口糧。他開荒種地，我沒有幫他，星期天我得去電廠渣子山撿煤渣。他要我捎的信，我捎到了。接到信，徐老師的母親，那位慈祥、文明、滿頭銀髮的老奶奶，微笑著走到院子裡，藉著亮光，戴上花鏡，看兒子的短信。那情景，我到今天也還記得。

徐老師教了我們一年語文，這是我們的福氣。他的課講得確實好，經常有外校的老師也來聽他講課，就坐在我們後面，能佔半間教室。為了提高我們的寫作能力，他還把自己訂閱了多年的《人民文學》抱到教室裡，讓我們隨便翻看。他熱愛學生，教書更重育人。他主持正義，性格耿直，有時甚至直得嚇人。一次，我們班的班主任在課堂上批評一位女同學，說她「不安心學習，光知道寫信了，來信就像刮豆葉似的」，批得那位女同學趴在課桌上嗚嗚地哭。下了課，我到老師辦公室去交作業，看到徐輝老師正在批評我們的班主任，說：「才十五六歲，還是個孩子！有什麼問題，不能找她個別談談嗎？非得這樣……」班主任紅著臉聽著，望著徐老師，一聲沒吭。

我們畢業後，濰縣十中就搬到另一個鄉（治渾街）去了，學校也改名為「濰坊二十八中」，徐老師繼續在二十八中教畢業班。我則考進了濰坊一中讀高中。高中三年，我跟徐老師沒有聯繫。一九六五年，我被濟南一所師範院校錄取，我不喜歡讀師範，心中苦悶，就給徐輝老師寫了一封信。徐老師很快就回信了，信寫得很長。他在信中說，最近，他喜歡上了修汽燈。學生在教室上晚自習，汽燈壞了，都是他去修。當汽燈修好，教室裡重又明亮起來，汽燈發出「絲絲」的聲音，他的心裡就感到無比快樂。他說，他還喜歡上了修錶，座鐘、掛鐘、手錶，他都能修，也喜歡修。同事、鄰居的鐘錶壞了，都找他修。當修好一隻鐘或錶，聽著鐘錶「滴滴答答」走著，他的心裡也是無比快樂。我知道徐老師是在開導我：對大家有益的事，就是有意義的事；喜歡上了哪項工作，那工作做起來就其樂無窮！

二十世紀八十年代，我供職的那家報社派我到濰坊記者站工作，我的家也從農村搬到了濰坊。我在濰坊記者站工作了十年。這十年，我見徐老師的機會多了，交往也多了。徐老師的二兒子徐洛中在外貿貨輪上工作，二兒子要出海了，徐老師就把我們全家叫了去，為他的兒子送行。他的大兒子徐魯鋼結婚，徐老師專門請了他的老領導、老同事、老朋友，有濰坊二中的老校長潘少平，濰坊二中教高三語文的特級教師蘇乃謙，我在濰坊二中讀初一時的班主任張樹名老師，在

3　1981年，濰坊市二十八中語文教研組合影。前排中為徐輝。

二中教過我美術、以畫大公雞而見長的著名畫家張建時老師，另外還有我，一起拉到他家去，為他的兒子慶婚。這時的徐輝老師，我看他是最高興的了。徐老師曾跟我說過：「我是浙江人，大半輩子在山東度過，山東就是我的家。我在這裡沒親戚，我們就當親戚走！」一九八四年，徐老師當了濰坊市政協委員，他來濰坊開會，一定到我家來。平日到了星期天，他也經常來我家。我們走動得，真的比親戚還勤。

徐老師晚年，當地政府對他的照顧是好的。徐老師退休後，為了照顧他看病方便，坊子區委、區政府、教育局特意在區政府駐地給他找了房子，先是安排他全家搬到濰坊十二中，後又安排到濰坊四中。徐輝老師就是在濰坊四中去世的，去世的日子是：二〇〇九年十二月三十一日晨五時，享年八十三歲。

這些照片都是徐輝老師的二兒子徐洛中提供給我的。去年夏天，魯鋼、洛中兄弟倆到濟南來看我，我要他們把徐老師的照片發給我。一方面是我要保存徐老師的照片；二是我想把這些照片發到流佈甚廣的《老照片》上，讓更多的人認識徐輝老師，記住徐輝老師，記住浙江永康有一個知識分子，從朝鮮戰場上走來，在山東濰坊落戶、扎根，把自己的後半生全部獻給了他衷心熱愛的教育事業，他是山東的驕傲，也是浙江的驕傲。

激情孟夫子

朱永福

在中學及大學時代，小子我最崇敬的是孟志蓀老師「國（文）選（讀）」的教學。他一口微帶天津口音的普通話，年過五旬，從外表看並沒有什麼顯突之處，經常穿一件淺綠色的嗶嘰長衫，已經相當陳舊了，有時穿戰前縫製的黑呢中山服，夏天穿白呢中山服，從天津來的老南開，都有這樣的中山服。

從他私下的談話裡，瞭解到他是金陵大學外文系畢業，學的是西方洋文學，幾十年教的，卻是中華土文學。瞭解了這一點，就不難瞭解孟老師的學術及生活中，為什麼沒有一般國文老師作為職業特徵的迂腐之氣了。孟老師的學術思想表現在兩方面，一是他參與主編的教材，二是他的課堂教學活動。

中學時代，我們使用的課本大多是出版於社會各大書店，如中華余介石的數學、商務陳楨的生物、鍾山張其昀的地理等。初一、初二英語是中華文幼章編的，高三英語是商務出的綜合英語課本，中間一段是學校自編的。只有國文課，從初一到高一，全是學校自編的，孟老師是主編者之一。對比當時的其他國文教材及以後屢經改變的語文教材，依小子愚見，是最好的一套語文教材。從初一到高一，內容由淺入深，「五四」以來的白話及文言並重，白話作家有魯迅、茅盾、葉紹鈞、鄭振鐸、冰心、許地山、夏丏尊、蘇雪林等，大體上都是文學研究會的作家，而創造社諸公如郭沫若等人的作品，一篇也未入選。一方面，在編輯此書時，郭沫若的通緝令尚未取消，不能入選；另一方面，恐怕也與孟老師的文學主張有關，在講課時，他多次談到，他主張為人生而藝術（art for life's sake），反對為藝術而藝術（art for art's sake）。高二課程，可說是一部中國文學史，從《詩經》《楚辭》、樂府，到明清的散文、戲曲，通過選讀各期的代表作品，講述中國各期文學發展的簡貌。高三是一部先秦思想史，課本是孔、孟、荀、墨經典著作的節選。從初一第一課葉紹鈞的《藕與蓴菜》起，記得讀過的作品有：屈原的《九歌》，司馬遷的《報任少卿書》《李將軍列傳》，楊惲的《報孫會宗書》，李後主的詞，李、杜的詩，《古詩十九首》，張若虛的《春江花月夜》，韋莊的《秦婦吟》，韓愈的《祭十二郎文》，袁枚的《祭妹文》，蘇東坡的《赤壁賦》，史可法的《答多爾袞書》，孔尚任的《哀江南》……都是千古的至情名篇。王陽明的一篇也未入選，曾國藩的家書大概也只選了一篇，從這裡就可看出孟老師沒有絲毫媚骨，在那個時代，這是多麼難能可貴。中學語文不過兩大任務：一情操的陶冶（現在叫愛國主義的培養），二寫作能力的提高，這套教材都充分完成了。關於前者，就以愚劣如小子我而論，自省對咱們東方古代燦爛文明有點瞭解，就完全受益於這套教材。關於後者，在《四四萍蹤》上看到眾級友的寫作，大多出手不凡，就可能與這套教材有關。所有這些，都不能不使人感激它的主編孟老師了。

孟老師的講課，是非常生動精彩的。孟老師知識淵博，口才雄辯，講課既富哲理，又充滿激情，任何人聽他的課，都會被他吸引，感情隨他的指引而迴盪起伏，進入秦漢和唐宋詩文的境界，下課鈴響後，才如夢初醒，回到現實。這也許就是演員所謂進入角色，孟老師的講課，的確有使你進入角色的神功，或議論時事，或臧否人物，或抒發感情，或嬉笑怒罵，都非常生動。寫到這裡，上過孟老師課的女級友，一定會說小子吹牛，她們的確都未領略過這種精彩講課。當時我們男生，都有這種感覺，同一個孟老師，在男生班和男女混合班，講課的生動性竟有很大的不同。有十八九歲的女生在座，講話多少要注意一點分寸，這點考慮，把孟老師在男生班上經常出現的瞬間激情破壞了，因此像在男生班那種即興發揮一次也未出現過。「國選」班內先教《離騷》，後教唐宋詩詞，可供孟老師即興發揮的地方可說太多了，因為女生在座，使本來可以欣賞到的精彩表演都未欣賞到。所以，當時我們男生的心情，都很矛盾，一方面希望看到她們，一方面又真想把她們轟走。當然，口說無憑，舉例為證。講到詩言志時，孟老師說：「劉邦是個潑皮，當了皇帝，神氣活現，短短三句話，就把市井無賴心靈暴露無遺。『人風起兮雲飛揚』，寫景起興進入主題，『威加海內兮歸故鄉』，流氓闖江湖發了橫財，一定要回老家炫耀一番，不僅對外人炫耀，對自己老子也炫耀，對他老子說：『老爺子說我最沒出息，到底是我發的財多，還是兄弟他們發的財多？』『安得猛士兮守四方』，像上海的小癟三，雙手抱著偷來的金銀珠寶，日夜坐臥不安，哪裡去找高明打手，替我守家護院？」一面說，一面身體微微前傾，雙臂左右伸出，又向前合攏，似乎面前真有一堆金銀珠寶。這首《大風歌》，孟老師在四十年前是這樣對學生講的，誰能說不精彩？在講到司馬相如時，孟老師說：「司馬相如人品卑劣，年輕時看到卓文君是個 charming beautiful young lady（哄堂大笑），就打卓小姐的主意，勾上手之後，又敲老丈人的竹槓。卓文君娘婆兩家都是川西壩兒的大紳糧，珠寶首飾體己私房，錢隨人來，司馬相如已經發了一筆妻財，還不滿足，還要開什麼酒館。」講到這裡，突然裝著四川腔說：「幺師！來了！你哥子今天吃點什麼？今天的豬耳朵安逸極了，你哥子來四兩？」講時裝出點頭哈腰的樣子，雙膝揖曲，右手向上一揚，似乎把一塊抹布搭在肩上。「卓王孫這個臨邛首富，哪裡受得了女婿這樣出他洋相，只好請人拿言語，贈送銀子，請兩口子去長安。後來卓文君年老色衰，又被打入冷宮。」對這個所謂文壇佳話，孟老師的見解的確高人一籌。「charming beautiful young」三個形容詞從此經常出現在當時高三一組男生口中，lady 被換成了 girl 安在某些女生身上。

孟老師的文學見解，有些是非常精彩的。他說：「《史記》的文章，最好全讀，如果你沒有時間，又想讀寫得最好的。那你就找倒霉不幸的人的傳記來讀，司馬遷對不幸倒霉的人，都充滿同情，寫得十分精彩，《項羽本紀》就比《高祖本紀》高明得多。」其實，孟老師本人的講課，也遵循這條原理，對遭遇不幸的作者，孟老師講起來，也都是特別富有感情。屈原、司馬遷、李後主、杜甫，無論是他們的作品，或是他們的生平，孟老師都講得那麼生動，有時真可以說聲淚俱下。「朝扣富兒門，暮隨肥馬塵。殘杯與冷炙，到處潛悲辛。」[1] 孟老師講到這裡幾乎哽咽起來，停頓了一會，才接續下去。「文窮而後工」，孟老師是很相信這句話的，他常說：「後世推崇的作家，也許今天正在挨窮受困，默默無聞。」對於李、杜，雖然他說：「二人各有所長，李不能為杜之沉鬱，杜不能為李之飄逸，前人早有定論，各有千秋，我不偏愛誰。」可實際上，他強調說，前人早就說過李白詩內 80% 是醇酒、婦人、神仙，格調不高。在具體的情感傾向上，誰都能看出孟老師是一個徹頭徹尾的揚杜抑李派，相信後來，也決不會看誰臉色，見風轉舵，變成一個揚李抑杜派。

作為國文老師，孟老師很重視糾正同學的錯讀錯寫，他反覆強調一些容易讀錯的正讀，例如他講「滑稽」應讀成「骨基」，「土蕃」應讀「土波」而不讀「土翻」，其實，歷史老師也讀的「土翻」。對一些粗話髒字，其他老師大概知道也不會教的，孟老師卻不迴避（也許這是男女分班的好處）。例如，他講清楚了風馬牛不相及與爭風吃醋中「風」字的意義。有次，他又在黑板上寫了個「鳥」字說：「這個字在《水滸》的好漢口語中，經常出現，如果你們不知道它的讀法，李逵語言的粗野美怎麼能欣賞？你們應該知道，但不應該說。」他並未讀出來，下課後，我問一個四川同學，他不知道，另外問一個，才知道了，原來是老熟人，一天到晚聽到說，卻不知是這個字。

註釋

❶「朝扣富兒門」句出自杜甫《奉贈韋左丞丈二十二韻》。

我的老師

鄒啟鈞

我們的尹本藝老師，一九二八年出生，二〇〇六年去世，享年七十八歲。尹老師畢生從事教育事業，在小學教師的崗位上工作了一輩子。

一九五一年，尹老師剛從湖北江陵師範畢業，立刻被安排參加土改。一九五二年轉到江陵縣老揚鄉。當年三月五日，拍下了這張照片（圖1），照片中右起第一人為尹老師。二十世紀五十年代的天氣比現在冷，從照片中人的衣著穿戴看，尹老師可算是家境較為貧寒的一位。照片是在尹老師去世後才見到的，所以，我對照片中其他八人的情況一無所知。好在照片的背面，依稀可辨他們的親筆簽名。照片背景，為鄂中腹地的典型農舍。這是一個下雨天，地上濕漉漉的，大概是歸心似箭，哪怕是下雨，也要回家去了。有趣的是，照片中左起三、四兩位，給人以相繼相依的感覺，這在當年，應該是夠羅曼蒂克的了。

尹老師離開土改工作隊，回老家湖北當陽探望父母，稍作逗留，便趕來沙市，被分配到私立兩江小學任教。一九五二年，我唸一年級，從此開始了我們幾十年彌足珍貴的師生之誼。後來，兩江小學合併進興盛街小學，我在興盛街小學讀完四年級初小，轉入沙市第五小學唸高小，直至

1 （上）1952 年，攝於江陵縣老揚鄉。

2 （下）1959 年，在中山公園河邊大柳樹下合影。

3 （上）尹本藝與學生相會合影

4 （下）尹本藝六十大壽時合影

六年級畢業，尹老師始終同我在一起。我作為免試生保送省重點中學沙市三中後，也從未斷過同尹老師的聯繫。尹老師給我們的印象是，執教極嚴，特別是對調皮搗蛋成績很差的學生，沒有好臉色，急躁起來，嘴邊就出一句：寡廉鮮恥！這話在當時，作為小學生的我們，完全不懂，只知道是一句極不好的話。

課餘，尹老師常常在放學前給我們講故事，他是《少年文藝》的長期訂戶。尹老師為人誠實樸素，但也曾被我們小學生認為過於奢侈。唸一年級時，我們見他住的雖然是蘆席夾的房間，每天早上卻要用一根小棍在嘴裡洗出白泡沫，聽說那東西只有有錢人才用。後來才弄明白，那是牙膏牙刷，是為了講衛生。這件事我從未對尹老師說過，回想起來，只覺得自己好笑。

一九五九年二月，大辦鋼鐵之後，尹老師把我們部分學友邀約到一起，在中山公園的河邊大柳樹下，照了一張合影（圖2）。他題了一行字：我們在大躍進的年代裡相會了。尹老師幾乎每年都同部分學生相會合影，每次合影總有題詞。圖3是唯一一張沒有題詞和人數到得最多的合影。照片中擁著尹老師左臂的女孩兒，是他抱養的義女。前排左一謝文、左二是我、左三龍明德，左四許光國。特別值得一提的是二排左一董友騏，他高中時參軍，轉業後任神電集團工會幹部，幾十年與尹老師保持親密聯繫，簡直像個兒子，在同學中傳為美談。

尹老師多年沒有結婚，中年收養了一個義女。直到離世前兩年，因義女出嫁，身邊無人，才在鄰里撮合下，找了個老伴，照顧他的飲食起居。兩年後，他就走了。尹老師年輕的時候，與同校的一位女老師有過一次戀愛，但不知道為什麼沒能組成家庭。

圖4是由董友騏組織發起、為尹老師做六十大壽時的合影。同學們大家出錢，在餐館包席，還給尹老師贈送了兩件生辰禮品：一件銅雕塑，一件彩色貝殼條屏。記得當時尹老師發表了熱情洋溢的即席講話。聽了他的一番話，知道他已不再把我們當作他的學生，而是多年的朋友。印象最深的有這麼一句：「我來沙市這麼多年，沒有親人，你們就是我的親人！」

我的塾師

陸文夫

我六歲的時候開始讀書了，那是一九三四年的春天。

當時，我家的附近沒有小學，只是在離家二三里的地方，在十多棵雙人合抱的大銀杏樹下，在小土廟的旁邊有一所私塾。辦學的東家是一位較為富有的農民，他提供場所，請一位先生，事先和先生談好束修、飯食，然後再與學生的家長談妥學費與供飯的天數。富有者多出，不富有者少出，實在貧困而又公認其有出息者也可免費。辦學的人決不從中漁利，也不拿什麼好處費，據說賺這種錢是缺德的。但是辦學的有一點好處，可以賺一隻糞坑，多聚些肥料好種田，那時沒有化肥。

我們的教室是三間草房，一間作先生的臥室，其餘的兩間作課堂。朝北籬笆牆截掉一半，配以紙糊的竹窗。可以開啟，倒也亮堂。課桌和凳子各家自帶，八仙桌、四仙桌、梳桌、案板，什麼都有。

父親送我入學，進門的第一件事便是拜孔子。「大成至聖先師孔子之位」的木牌供在南牆根的一張八仙桌上，桌旁有一張太師椅，那是先生坐的。拜時點燃清香一炷，拜燭一對，獻上供品三味：公雞、鯉魚、豬頭。豬頭的嘴裡銜著豬尾巴，有頭有尾，象徵著整豬，只是沒有整羊和全牛，那太貴，供不起。

我拜完孔子之後便拜老師，拜完之後抬頭看，這位老師大約四十來歲（那時覺得是個老頭），戴一副洋瓶底似的近視眼鏡，有兩顆門牙飄在外面。黑棉袍、洗得泛白的藍布長衫，穿一條扎管棉褲，腳上套一雙「毛窩子」，一種用蘆花編成的鞋，比棉鞋暖和。這位老師叫秦奉泰，我之所以至今還記得他的名字，那是因為我曾把秦奉泰讀作秦秦秦，被同學們嘲笑了好長一陣，被人嘲弄過的事情總是印象特深。

秦老師受過我三拜之後，便讓我站在一邊，聽我父親交代。那時候，家長送孩子入學，照例要做些口頭保證，大意是說孩子入學之後，一切都聽先生支配。任打任罵，家長絕無意見，絕不抗議。那時的教學理論是「玉不琢不成器」，所謂琢者即敲打也。

秦老師也打人，一桿朱筆、一把戒尺是他的教具，朱筆點句圈四聲，戒尺又作驚堂木，又打學生的手心，學生交頭接耳，走來走去，老師便把戒尺一拍，叭地一響，便出現了琅琅的讀書聲。

秦老師教學確實是因材施教，即使是同時入學的學生，課本一樣，進度卻是不同的。我開始的時候讀《百家姓》《三字經》。每天早晨教一段，然後便坐到課桌上去搖頭晃腦地大聲朗讀，讀熟了便到老師那裡去背，背對了再教新的。規定是每天背一次，如果能背兩次、三次，老師也不反對，而是加以鼓勵。但也不能充好漢，因為三天之後要「總書」，所謂溫故而知新，要把所教的書從頭背到尾，背不出來那戒尺可不客氣。我那時的記憶力很好，背得快，不挨打，幾個月之後便開始讀《千家詩》《論語》。秦老師很歡喜，一時興起還替我取了個學名叫陸文夫，因為我原來的名字叫陸紀貴，太俗氣。

我背書沒有挨打，寫字可就出了問題。私塾裡的規矩是每天飯後寫大、小字，我的毛筆字怎麼也寫不好，秦老師開始是教導我：「字是人的臉，寫得難看是見不得人的。」沒用。沒用便打手心，這一打更壞，我於是視寫字為畏途，拿起毛筆來手就抖。直至如今，寫幾個字還像蟹爬的。

秦老師是個雜家，我覺得他什麼都會。他寫得一手好字，替人家寫春聯、寫喜幛、寫庚帖、寫契約、合八字；看風水，唸咒畫符，選黃道吉日；還會開藥方。他的桌子上有一堆書，那些書都不是課本，因為《論語》《孟子》之類他早已倒背如流，現在想起來可能是屬於醫卜星相之類，還有一隻羅盤壓在書堆的上面。秦老師很忙，每天都有人來找他寫字、看病，或是夾起個羅盤去看風水。經常有人請他去吃飯，附近的人家有紅白喜事，都把老師請去坐首席。

抗日戰爭爆發以後，辦學的農民怕出事，把私塾停了。秦老師到另外的一個地方去授館，那裡離我家有十多里，窮鄉僻壤，交通不便，可以躲避日寇。秦老師事先與辦學的東家談妥，他要帶兩個得意的門生作為附學（即寄宿生），附學的飯食也是由各家供給的，作為束修的一個部分。一個附學姓劉，比我大五六歲，書讀得很好，字也寫得很漂亮，秦老師來不及寫的春聯偶爾也由他代筆。此人抗戰期間參加革命，後來聽說也是做新聞工作的。還有一個附學就是我了，那時我才九歲，便負笈求學，離家而去，從此便開始了外出求學的生涯，養成了獨自處理生活的能力。

新學館的所在地確實很窮，偌大的一個村莊，有上百戶人家，可學生只有十多個。教室是兩間土房，兩張床就擱在教室裡，我和姓劉的合睡一張竹床，秦老師睡一張木床，課桌和辦公桌就放在床前。房屋四面來風，冬天凍得簌簌抖，手背上和腳後跟上生滿了凍瘡，凍瘡破了流血流膿，只能把鞋子拖在腳上。最苦的要算是飯食了，附學是跟隨先生吃飯，飯食是由各家輪流供給，稱作「供飯」。抗戰以前供飯是比較考究的，誰家上街買魚買肉，人們見了便會問：「怎麼啦，今朝供先生？」那吃飯的方式確實也像上供，通常是用一隻長方形二層的飯籃送到學校裡來，中午有魚有肉，早晚或麵或粥，或是糯米糰子，麵餅等。我走讀的時候，同學們常偷看先生的飯籃，看了嘴饞。等到我跟先生吃供飯的時候可就糟了，也許是那個地方窮，也許是國難當頭吧，我們師生三人經常吃不飽，即使吃不飽也不能吃得碗空空，那是要被人笑話的。有一次輪到一戶窮人家供飯，他自家也斷了頓，到親朋家去借，借到下午才回來，我們師生三人餓得昏昏。這是我第一次體驗到飢餓的滋味，餓極了會渾身發麻、頭昏、出冷汗。當然，每月也有幾天逢上富有的人家供飯，師生三人可以過上幾天好日子，對於這樣的日期，我當年記得比《孟子》的辭句都清楚。

日子雖然過得很苦，可我和秦老師的關係卻更加密切，毛筆字還未練好，秦老師大概見我在書法上無才能，也就不施教了，便教我吟詩作對，看閒書。吟詩我很有興趣，特別是那些描繪自然景色的田園詩，我讀起來就像身歷其境似的。作對我也有興趣，「平對仄，仄對平，反正對分明，來鴻對去雁……」有一套口訣先背熟，然後再讀秦老師手抄的妙對範本。我至今還記得一些絕妙的對聯，什麼「屋北鹿獨宿，溪西雞齊啼」，「和尚撐船篙打江心羅漢，佳人汲水繩牽井底觀音」。當然，最有興趣的要算是看閒書了，所謂閒書便是小說。

前面說到秦老師的桌上有許多不屬於課本之類的書，這些書除掉醫卜星相之外便是小說。以前我不敢去翻，這時朝夕相處，也就比較隨便，傍晚散學以後百無聊賴，便去翻閱。秦老師也不加攔阻，首先讓我看《精忠岳傳》，這一看便不可收，什麼《施公案》《彭公案》《七俠五義》《三國演義》都拿來看了，看得廢寢忘食，津津有味，其中有許多字都不識，半看半猜，大體上懂個意思，這就造成後來經常讀白字，寫錯字。

秦老師的書也不多，他很窮，無錢買書。但是，那時有一種小販，名叫「筆先生」，他背著一個大竹箱，提著一個包裹，專門在鄉間各個私塾裡走動，賣紙、墨、筆、硯和各種教科書，大多是些石印本的《論語》《孟子》《百家姓》《千家詩》。除掉這些課本之外，箱子底下還有小說，用現在的話說都是些通俗小說。這些小說不賣給學生，只賣給老師，鄉間的塾師很寂寞，不看點閒書很難受。只是塾師們都很窮，買的少，看的多，於是「筆先生」便開展了一種租書的業務。每隔十天半月來一次，向學生推銷紙、墨、筆、硯，給塾師們調換新書，酌收一點租費。如果老師叫學生多買點東西，那就連租費都不收，因此我們經常可以看到新書。那時，我經常盼望「筆先生」的到來，就像盼望輪到富人家供飯似的。

秦老師不僅讓我看小說，還要和我討論所看過的小說，當然不是討論小說的作法，而是討論書中誰的本領大，哪條計策好，岳飛應當「將在外君命有所不受」，不應當被十二道金牌召回臨安，待他日直搗黃龍，再死也不遲。看小說還要有點兒見解，這也是秦老師教會了我。當然，秦老師這樣做不會是想把我培養成一個作家，將來也寫小說。可這些都在幼小的心靈中生下了根，使我與文學結下了不解之緣。

一年之後因為家庭的搬遷，我便離開了秦老師，從此以後就再也沒有見到他，可他卻沒有忘記我。聽我父親說，他曾兩次到我家打聽過我，一次是在中華人民共和國成立的初期，一次是在困難年，即二十世紀六十年代的初期。抗戰勝利以後私塾取消，秦老師失業了，在家靠兒子們種田過日子，日子過得很艱難，據說是形容枯槁，衣衫襤褸，老來還惦記著他的兩個得意門生，一個是我，一個是那位姓劉的。大概他想起還教過一些學生的時候便可以得到一些安慰吧。前些年我回鄉時也曾經打聽過他，卻沒有人知道這世界上還有或曾經有過叫秦奉泰的。「鄉曲儒生，老死翰墨，名不出閭巷者何可勝道。」我記起了秦老師曾經教過我的《古文觀止》。

文章與前額並高

余光中

自從十三年前遷居香港以來，和梁實秋先生就很少見面了。屈指可數的幾次，都是在頒獎的場合，最近的一次，卻是從梁先生溫厚的掌中接受《時報文學》的推薦獎。這一幕頗有象徵的意義，因為我這一生的努力，無論是文壇或學府，要是當初沒有這隻手的提掖，只怕難有今天。

所謂「當初」，已經是三十六年以前了。那時我剛從廈門大學轉學來台，在台大讀外文系三年級，同班同學蔡紹班把我的一疊詩稿拿去給梁先生評閱。不久他竟轉來梁先生的一封信，對我的習作鼓勵有加，卻指出師承囿於浪漫主義，不妨拓寬視野，多讀一點現代詩，例如哈代、浩斯曼、葉芝等人的作品。梁先生的摯友徐志摩雖然是浪漫詩人，他自己的文學思想卻深受哈佛老師白璧德之教，主張古典的清明理性。他在信中所說的「現代」自然還未及現代主義，卻也指點了我用功的方向，否則我在雪萊的西風裡還會漂泊得更久。

直到今日我還記得，梁先生的這封信是用鋼筆寫在八行紙上，字大而圓，遇到英文人名，則橫而書之，滿滿地寫足兩張。文藝青年捧在手裡，驚喜自不待言。過了幾天，在紹班的安排之下，我隨他去德惠街一號梁先生的寓所登門拜訪。德惠街在城北，與中山北路三段橫交，至則巷靜人稀，梁寓雅潔清幽，正是當時常見的日式獨棟平房。梁師母引我們在小客廳坐定後，心儀已久的梁實秋很快就出現了。

那時梁先生正是知命之年，早已進入也無風雨也無晴的境界。他的談吐，風趣中不失仁藹，諧謔中自有分寸，十足中國文人的儒雅加上西方作家的機智，近於他散文的風格。他就坐在那裡，悠閒而從容地和我們談笑。我一面應對，一面仔細地打量主人。眼前這位文章巨公，用英文來說，體形「在胖的那一邊」，予人厚重之感。由於發岸線（hairline）有早退之象，他的前額顯得十分寬坦，整個面相不愧天庭飽滿，地閣方圓，加以長牙隆準，看來很是雍容。這一切，加上他白皙無斑的膚色，給我的印象頗為特殊。後來我在反省之餘，才斷定那是祥瑞之相，令人想起一頭白象。

當時我才二十三歲，十足一個躁進的文藝青年，並不很懂觀象，卻頗熱衷獵獅（lion-hunting）。這位文苑之獅，學府之師，被我糾纏不過，答應為我的第一本詩集寫序。序言寫好，原來是一首三段的格律詩，屬於新月風格。不知天高地厚的躁進青年，竟然把詩拿回去，對梁先生抱怨說：「你的詩，似乎沒有特別針對我的集子而寫。」

假設當日的寫序人是今日的我，大概獅子一聲怒吼，便把狂妄的青年逐出師門去了。但是梁先生眉頭一抬，只淡淡地一笑，徐徐說道：「那就別用得了……書出之後，再給你寫評吧。」

量大而重諾的梁先生，在《舟子的悲歌》出版後不久，果然為我寫了一篇書評，文長一千多字，刊於一九五二年四月十六日的《自由中國》。那本詩集分為兩輯，上輯的主題不一，下輯則盡為情詩。書評認為上輯優於下輯，跟評者反浪漫的主張也許有關。梁先生尤其欣賞《老牛》與《暴風雨》等幾首，他甚至這麼說：「最出色的要算是《暴風雨》一首，用文字把暴風雨的那種排山倒海的氣勢都描寫出來了，真可說是筆挾風雷。」

在那麼古早的歲月，我的青澀詩藝根柢之淺，可想而知。梁先生溢美之詞固然是出於鼓勵，但他所提示的上承傳統旁汲西洋，卻是我日後遵循的綜合路線。

朝拜繆斯的長征，起步不久，就能得到前輩如此的獎掖，使我的信心大為堅定。同時，在梁府的座上，不期而遇，也結識了不少像陳之藩、何欣這樣同輩的朋友，聲應氣求，更鼓動了創作的豪情壯志。與詩人夏菁也就這麼邂逅於梁府，而成了莫逆。不久我們就慣於一同去訪梁公。有時也約王敬羲同行。不知為何，記憶裡好像夏天的晚上去得最頻。梁先生怕熱，想是體胖的關係；有時他索性只穿短袖汗衫接見我們，一面笑談，一面還要不時揮扇。我總覺得，梁先生雖然出身外文，氣質卻在儒道之間，進可為儒，退可為道。可以想見，好不容易把我們這些恭謹的晚輩打發走了之後，東窗也好，東床也罷，他是如何地坦腹自放。我說坦腹，因為他那時有點發福，腰圍可觀，縱然不到福爾斯塔夫的規模，也總有約翰遜或紀曉嵐的份量，足證果然腹笥深廣。據說，因此梁先生買腰帶總嫌尺碼不足，有一次，他索性走進中華路一家皮箱店，買下一隻大皮箱，抽出皮帶，留下箱子，揚長而去。這倒有點《世說新語》的味道了，是否謠言，卻未向梁先生當面求證。

梁先生好客兼好吃，去梁府串門子，總有點心招待，想必是師母的手藝吧。他不但好吃，而且懂吃，兩者孰因孰果，不得而知。只知他下筆論起珍饈名菜來，頭頭是道。就連既不好吃也不懂吃的我，也不禁食指欲動，饞腸若蠕。在糖尿病發之前，梁先生的口福委實也飫足了。有時乘興，他也會請我們淺酌一杯。我若推說不解飲酒，他就會作態佯怒，說什麼「不煙不酒，所為何來？」引得我和夏菁發笑。有一次，他斟了白蘭地饗客，夏菁勉強相陪。我那時真是不行，梁先生說「有了」，便向櫥頂取來一瓶法國紅葡萄酒，強調那是一八四二年產，朋友所贈。我總算喝了半盅，飄飄然回到家裡，寫下《飲一八四二年葡萄酒》一首。梁先生讀而樂之，拿去刊在《自由中國》上，一時引人矚目。其實這首詩學濟慈而不類，空餘浪漫的遐想；換了我中年來寫，自然會聯想到鴉片戰爭。

梁先生在台北搬過好幾次家。我印象最深的兩處梁宅，一在雲和街，一在安東街。我初入師大（那時還是省立師範學院）教大一英文，一年將滿，又偕夏菁去雲和街看梁先生。談笑及半，他忽然問我：「送你去美國讀一趟書，你去嗎？」那年我已三十，一半書獃，一半詩迷，幾乎尚未閱世，更不論乘飛機出國。對此一問，我真是驚多喜少。回家和我存討論，她是驚少而喜多，馬上說：「當然去！」這一來，裡應外合勢成。加上社會壓力日增，父親在晚餐桌上總是有意無意地報道：「某伯伯家的老三也出國了！」我知道偏安之日已經不久。果然三個月後，我便文化充軍，去了秋色滿地的愛荷華城。

從美國回來，我便專任師大講師。不久，梁先生從英語系主任變成了我們的文學院長，但是我和夏菁去看他，仍然稱他梁先生。這時他又遷到安東街，住進自己蓋的新屋。稍後夏菁的新居在安東街落成，他便做了令我羨慕的梁府近鄰，也從此，我去安東街，便成了福有雙至，一舉兩得。安東街的梁宅，屋舍儼整，客廳尤其寬敞舒適，屋前有一片頗大的院子，花木修護得可稱多姿，常見兩老在花畦樹徑之間流連。比起德惠街與雲和街的舊屋，這新居的主人住在「家外之家」，懷鄉之餘，該是何等快慰。

六十五歲那年，梁先生在師大提前退休，歡送的場面十分盛大。翌年，他的「終身大事」，《莎士比亞戲劇全集》之中譯完成，朝野大設酒會慶祝盛舉，並有一女中的學生列隊頌歌；想莎翁生前也沒有這般殊榮。師大英語系的晚輩同事也設席祝賀，並贈他一座銀盾，上面刻著我擬的兩句贊詞：「文豪述詩豪，梁翁傳莎翁。」莎翁退休之年是四十七歲，逝世之年也才五十二歲，其實還不能算翁。同時莎翁生前只出版了十八個劇本，梁翁卻能把三十七本莎劇全部中譯成書。對比之下，梁翁是有福多了。聽了我這意見，梁翁不禁莞爾。

這已經是二十年前的事了。後來夏菁擔任「聯合國」農業專家，遠去了牙買加。梁先生一度旅居西雅圖。我自己先則旅美二年，繼而去了香港，十一年後才回台灣。高雄與台北之間雖然只是四小時的車程，畢竟不比廈門街到安東街那麼方便了。青年時代夜訪梁府的一幕一幕，皆已成為溫馨的回憶，只能在深心重溫，不能在眼前重演。其實不僅梁先生，就連晚他一輩的許多台北故人，也都已相見日稀。四小時的車程就可以回到台北，卻無法回到我的台北時代。台北，已變成我的回聲谷。那許多巷弄，每轉一個彎，都會看見自己的背影。不能，我不能住在背影巷與回聲谷裡。每次回去台北，都有一番近鄉情怯，怕捲入回聲谷裡那千重魔幻的漩渦。

一提起梁實秋的貢獻，無人不知莎翁全集的浩大譯績，這方面的聲名幾乎掩蓋了他別的譯書。其實翻譯家梁實秋的成就，除了莎翁全集，尚有《織工馬南傳》《呼嘯山莊》《百獸圖》《西塞羅文錄》等十三種。就算他一本莎劇也未譯過，翻譯家之名他仍當之無愧。

讀者最多的當然是他的散文。《雅舍小品》初版於一九四九年，到一九七五年為止，二十六年間已經銷了三十二版；到現在想必近五十版了。我認為梁氏散文所以動人，大致是因為具備下列這幾種特色：

首先是機智閃爍，諧趣迭生，時或滑稽突梯，卻能適可而止，不墮俗趣。他的筆鋒有如貓爪戲人而不傷人，即使譏諷，針對的也是眾生的共相，而非私人，所以自有一種溫柔的美感距離。其次篇幅濃縮，不事鋪張，而轉折靈動，情思之起伏往往點到為止。此種筆法有點像畫上的留白，讓讀者自己去補足空間。梁先生深信「簡短乃機智之靈魂」，並且主張「文章要深，要遠，就是不要長」。再次是文中常有引證，而中外逢源，古今無阻。這引經據典並不容易，不但要避免出處太過俗濫，顯得腹笥寒酸，而且引文要來得自然，安得妥帖，與本文相得益彰，正是學者散文的所長。最後的特色在文字。梁先生最恨西化的生硬和冗贅，他出身外文，卻寫得一手道地的中文。一般作家下筆，往往在白話、文言、西化之間徘徊歧路而莫知取捨，或因簡而就陋，一白到底，一西不回；或弄巧而成拙，至於不文不白，不中不西。梁氏筆法一開始就逐走了西化，留下了文言。他認為文言並未死去，反之，要寫好白話文，一定得讀通文言文。他的散文裡使用文言的成分頗高，但不是任其並列，而是加以調和。他自稱文白夾雜，其實應該是文白融會。梁先生的散文在中歲的《雅舍小品》裡已經形成了簡潔而圓融的風格。證之近作，他的水準始終在那裡，像他的前額一樣高超。

1 （上）余光中與雙親攝於上海

2 （下）20世紀60年代的張志宏神父（左）、小說家王興文（中）與詩人余光中（右）。

憶郭紹虞先生

鮑史采

上海的梅雨淅淅瀝瀝，我佇立在南京西路那座公寓的小客廳裡，再也見不到猝然逝去的紹虞先生的身影，唯有牆上照片上他那安詳、凝重的眼神，依舊從深色玳瑁邊眼鏡後面閃著光亮，跟當年給我們教課時一模一樣。

那是一九四七年秋天，我們剛剛進入同濟大學文學院。校舍在上海四川北路底江灣路口的一幢赭紅色樓房裡，緊挨著的是幾排紅瓦白牆的日本式平屋，算是師生的宿舍。馬路那邊，和我們校園遙遙相對的，是國民黨淞滬警備司令部的巨大的灰白色堡樓，那一個個黑洞洞的窗口就像張著的嘴。我們同郭先生生活在這樣特殊的環境裡，絃歌始終不輟，民主運動風起雲湧，一起度過幾個難忘的春秋。

那天，我們坐在教室裡，靜靜地期待著先生的首堂課。心裡既有對知名學者的景仰之情，又帶著對自己系主任的親切之感，還摻雜著年輕人的好奇心。都說紹虞先生早年就是文學研究會的成員，在古典文學、語法修辭和書法藝術方面很有造詣，多麼想一睹他的風采。他進來了，灰布夾袍，圓口布鞋，壯實的中等身材，年紀不過五十來歲。他從深色玳瑁邊眼鏡後面，以安詳、凝

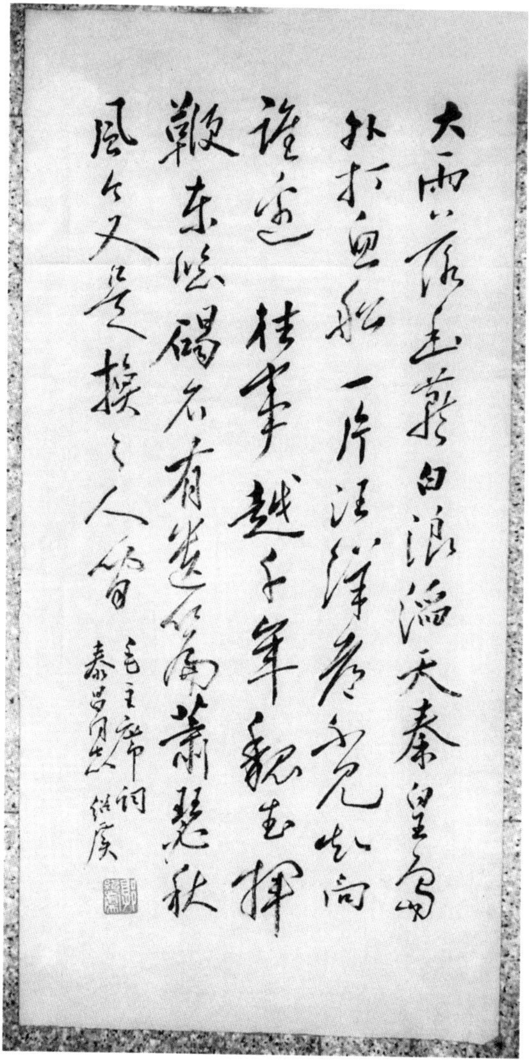
大雨落幽燕白浪滔天秦皇島外
打魚船一片汪洋都不見知向
誰邊往事越千年魏武揮
鞭東臨碣石有遺篇蕭瑟秋
風今又是換了人間
毛主席詞

1 郭紹虞書法作品

重的眼神，稍稍向我們掃視一下之後，沒有滔滔不絕的開場白，便拿起粉筆在黑板上寫了「中國文學批評史」七個灑麗的字。接著又在「中國」二字下面加上兩個著重符號，一邊講述，一邊寫黑板，向我們拉開了我國古典文學的帷幕。他一口蘇州腔「官話」，辭藻並不華麗，也不口若懸河，一字一句都顯出質樸、厚重。他給予我們的，不是大觥大勺的瓊脂美酒，而是滲入心田的涓涓細流。教室裡寧靜極了，他的氣質伴著他的學識一下便吸引住了我們這些十八九歲的年輕人。

有時，我們上他家去請教。雖說當時他已是知名教授，但一家八口擠在小屋裡。為了要給書桌和書稿以一席之地，睡覺也只好用疊鋪。物價飛漲，學校欠薪，他不得不同時在幾所學校兼課，靠一輛腳踏車，往來奔波。看到我們去了，生性爽朗的師母不免要訴說：過去在燕京大學時，先生空暇還愛唱個崑曲，打個籃球什麼的，可現在一回來就埋頭桌邊。聞一多慘死在特務的無聲槍下，馬敘倫、雷潔瓊教授遭毒打於南京下關車站，以及學生的多次受迫害，都使秉性持重的他心頭很不平靜。一天，我們為反抗暴政舉行罷課去徵求他的意見，他從眼鏡後面透出關切的目光，稍稍沉吟了一下，便吐出幾個字：「我理解你們。」在送我們到門邊時，又深情地叮囑道：「事情平靜一點之後，希望你們還要讀一點書，將來有用。」他言詞不多，總是質樸而可貴。

次年早春的一天清晨，當時他已是地下黨領導的上海大學教授聯誼會成員，組織上佈置我們，通過特殊方式，往他家秘密遞送黨的文件。這是一本小冊子，封面印有「恭賀新禧」四個紅字和象徵吉祥如意的紅燈籠，裡面是《目前形勢和我們的任務》《中國人民解放軍宣言》《中國土地法大綱》等。這以後的幾個晚上，他緊閉門窗，摘下那副玳瑁眼鏡，就如同他治學上的嚴謹好思一樣，在燈下細細地閱讀，邊讀邊思索。又一天，他應邀參加一次學生的晚會，還是灰布長袍，圓口布鞋，他凝重的眼神裡透出了欣喜之光。他即席講話，最後藉「野火燒不盡，春風吹又生」的詩句，表達了對勝利的信念，全場為之歡呼。

往事如煙。現在先生已離開了我們。然而他高齡九十一歲，執教近七十年，他的眾多的學生不就是離離原上草？如今，春風吹拂，草木繁茂，先生可以含笑安息了。

春暉寸草——憶劉瑜老師

張企明

人的一生中總會有一位影響最深的老師，她的品德使你終身銘記，她的期待像永恆的月光。早就想把感受寫出來，為我，為孩子，以及所有受到這樣老師感動的家庭，留下一點紀念。

一個偶然的機會，喚醒了久蘊於胸中的沉思。那是我小孩手中一本人人喜歡的雜誌中的一張照片。一位傑出女性沉靜從容、目含秋水的面容，使我驀然回到了抗日烽火中的童年——昆明聯大附小。聯大西遷昆明，為解決三校教師子女入學的問題，遂借聯大西面一所祠堂作小學的辦公室，祠堂以東，緊鄰聯大蓋起了兩三排土坯房，作為教室。

老師中有不少是正規大學或師範院校畢業的，也有聯大老師的家屬，素質和水平都較高。師生關係大約受聯大校風的影響，遠較後來我到北平所上的小學更為平等，親切。師生間相敬相愛，一片蓬勃向上歡樂融洽的氣氛，正如校歌的前幾句：「在這裡四季如春／在這裡有愛沒有恨／我們要活潑有信心……忠實有恆／我們要……」

抗戰烽火的大背景，像遠山後面時隱時現的陰霾，更反襯出春城的陽光和煦與白雲、藍天、長虹的壯麗，我的小學生活就是在這背景下展開的。一九四三年我曾以第一名被錄取，但因病休

1 （上）劉瑜老師（中）與本文作者（右）、同學尚嘉楠（左）合影。

2 （下）劉瑜老師正在餵為學校看院子的「黑子」

學，次年再考只得了第三名。我的語文成績不錯，但數學不行，很怕數學老師。儘管後來以機械設計為終身職業，但數理成績一直不理想，大約天賦如此。一九四六年秋，三年級班主任兼語文教師是劉瑜老師，她不但也有那樣的目光，而且在她身上有一種寧靜的感化力。

那年秋遊黑龍潭後，作文即以此為題，劉老師說：寫得好，有獎勵。我糊裡糊塗地寫完遊記，就忘到腦後，下課後和同學在校園內瘋跑瘋玩。學校北邊是一大片墳地，達官貴人的墳砌起老高，還有大石碑，爬上去頗為吃力，老百姓的就是一個個土包包，荒草蔓生，是玩「官兵捉賊」的好地方。

忽然，一天作文課上，劉老師宣佈，這次作文張企明是第一名，並獎勵皮球一個，上面還用紅筆寫著「獎給作文第一名」等字樣。我頓時不知所措，下課後同學們一擁而上，搶了我的獎品到院中玩耍，我木然地坐在教室裡，直到上下一節課。

後來那隻白色的皮球不知所終，黑龍潭遊記，留下來的也只有對那清冽甘甜和帶有松子清香泉水的記憶了。但劉老師的苦心獎掖和鼓勵卻使我終生難忘。當年的情景依稀可從照片中透露出來，可惜的是老師真摯的如沐春風的關愛，卻因日寇投降後舉家返鄉而猝然中斷。

同年秋末，隨母親乘 C47 型飛機經重慶飛抵上海，等待赴美講學的父親回國，再一同回北大。就在上海借住的親友家中，收到了劉老師寄來的這幾張珍貴的照片和我在校所繳午餐費的餘款，是用郵票寄還的。當時母親就說：「像這樣品德的老師在這種社會中真是難得，以後恐怕也不多見了。」十七年前的深秋，我因公再赴昆明，重訪母校，已完全見不到親切的土坯砌成的教室和當年的老師同學了。站在秋風中，小學時的往事一幕幕從心頭流過，秋原無垠，遠山肅穆，天還是那樣藍，朵朵白雲還是悠然地從晴空中飄去……

匆匆六十載，倏已頭白。春暉寸草，慈顏永留心扉。期許之情是一種無言的鼓勵，永遠的懷念。

3 （上）1946年秋攝於黑龍潭公園門前。左一是劉瑜老師。

4 （下）遊覽黑龍潭公園留影。後排中舉旗者為本文作者。

永遠的老師——懷念郭麟閣教授

柳鳴九

每次在書店看到梅里美的選集時，我都特別要注意裡面是否收入了郭麟閣先生所譯的《雅克團》，但幾乎每次都令我失望，我只在二十世紀六十年代見過人民文學出版社出的《雅克團》單行本，此後既沒有見過它再版，也沒有見過它被收入梅里美的選集。

《雅克團》這個劇本的原文，我在大學三年級時讀過，那是我們在高年級所碰見的最麻煩的原文，雖然都是口語對白，即「大白話」也，但那是十六世紀的「大白話」呀，如果沒有古法語的知識基礎，一句簡單的話，一個簡單的詞，也許就成為你難以逾越的障礙，而且那還是法國北部省區地方方言的「大白話」，其中還有一些「泥腿子」[1]農民的粗話與俚語，是一般的法文字典中難以查找到的。總之，說不上有什麼艱深，但要把這種原文對付下來，著實有些麻煩，就像進入一個荊棘叢生、蚊蟲密佈的森林，每前進一步，都要費點勁。

因此，當我第一次見到郭麟閣的《雅克團》譯本時，我不禁頗有所感，我沒有想到這位老先生如此不怕麻煩，竟昂然走進這一片密林荊棘地帶，確有一種「藝高人膽大」的氣概。而他作為翻譯家選中的《雅克團》，顯然並不是一部「好看」的作品，不會給他帶來好多好多的讀者，他是為了什麼呢？看來是為了忠實貫徹人民性這樣一個選材標準，也許還受了農民戰爭是歷史發展動力這種革命論斷的思想影響與《湖南農民運動考察報告》的「泥腿子」造反精神的感染，而在翻譯工作中「堅持政治第一」的結果。這在五六十年代中國知識分子的身上，是太自然、太必然的事了，後來，我每想到此事，總感到麟閣先生的確是一個很實沉、太實沉的人。

麟閣先生是我們在北大時的法文主課老師，頭三年，他並沒有教我們，是從第四年才開始的。法文主課是我們這個專業最基本、最重要的課程，是培養我們作為「法國語言文學專門人才」的主要「平台」。高年級的這一課程，一般都是安排法國語言與法國文學造詣都比較精深的老教授來擔任，對於郭先生，我們在低年級時就聞名已久了。

上了他一年的課，果然受惠無窮。他的課不用現成的教材，而是他自己編的講義，他的講義編得很是認真、很是細緻，一堂課往往就有好幾大篇，把涉及的法語語言現象解釋得清楚而透徹，並有豐富的例句幫學生理解得更深入、掌握得更能「舉一反三」，在課堂上，他又操造句措辭十分精當的並有文化品位的法語進行講解，使學生又受益一層。麟閣先生在課堂上還有一絕，他能隨口背誦大段大段、成篇成篇的法國文學名著，甚至是高乃依與拉辛那些令人生畏的長篇韻文，而且他背誦起來津津有味，如醉如癡，他那種背誦的「硬功夫」與執著投入的熱情，都贏得了我輩的格外敬佩。

應該說，他是我們的恩師，他的精讀課，再加上陳占元先生的翻譯課以及陳定民先生的口語課，盛澄華、李錫祖先生的選讀課，的確使西語系法文專業的學生在高年級受到了嚴格的科班訓練，在閱讀、理解、翻譯、寫作各方面都打下了紮實良好的基礎。僅以我們這一班為例，就是一個有力的證明。我們這一班的同學畢業後廣泛地分配到了外語教學、口譯、筆譯與文化交流、學術研究等各種工作崗位，後來都在各自的領域成為出類拔萃的人才，如丁世中在聯合國的同聲翻譯，羅新璋中譯法、法譯中的文學翻譯，呂永禎、劉君強的外語教學，李恆基的電影文化交流等。我們後輩學子的成功中，凝聚了先師們培養的心血。

但麟閣先生這樣學問精深、人品高雅的名師卻並沒有「閃光的外表」（這似乎是「五四」以來北大名家的一個傳統）。在見到他之前，他對我們來說，是「如雷貫耳」，但一見卻多少令人有點失望，他與我們在低年級見過的那種戴金絲眼鏡、西裝穿得一絲不苟的教授很是不同，看起來顯得很有些土氣，全然沒有他留學法國多年的痕跡。他的外觀像一個憨厚的農民，一口河南鄉音，常穿一身再普通不過的卡嘰布中山服，剪裁縫製得甚不講究、看上去也不那麼整潔，甚至胸前還有個把小污漬。他身材高大，滿臉通紅，精力充沛，聲音洪亮，他常以自己「身體好」而驕傲。有時，他不無得意地說，「我滿可以工作到九十歲，一百歲，沒問題」，說到最後一個片語，頭沉醉地擺動一下，用手輕輕地由上往下，再由下往上一揚，做了個動作，就像一個老師滿意地在學生的作業上畫上一個鉤。據他說，他保持了強健的身體就是由於胃口好，能吃，而且，他很喜歡吃主糧、吃飯，就像我小時候聽家鄉的老一輩所說的「人是鐵，飯是鋼」那句「古訓」。他這些話是否在課堂上講過，我記不得了，但記得有一次我有幸在他家共同進餐時，他是說過的。我至今並不清楚郭先生的籍貫與出身，但我一直深深地感到，他身上有濃濃的鄉土味，他這鄉土味顯然是從他原生的環境裡直接帶來的，構成了他作為一個人的底色，沒有被長期國外的鍍金所磨損，沒有被他大半生在知識分子堆裡司空見慣的附庸風雅、矯情矯飾所掩蓋，他是一個清澈見底的人，他是一個完完全全的本色人。

他是如此本色，我沒有看見他身上有任何附麗、炫耀、文飾、裝點、增色、聚光、美化、借用等的方式與雜質，我除了聽見過他以自己的飯量與背誦法文詩的苦功夫自詡外，就沒有見過他拿別的什麼來增加自己的份量與光度。有這樣一個例子我不知道引用出來是否恰當，反正它多少給了我些許震撼，那就是他與陳毅的關係，他與陳毅是中法大學時期的同窗同學，而且同住一個宿舍，後來在法國也有交往，聽說，陳毅有一次曾遇「麻煩」，他還伸出過援手，而中華人民共和國成立之後，他們仍保持著同窗之誼。對於這樣一層「紅彤彤的」、在常人眼裡足以給自己添光增彩的關係，我在學校時從未聽他說過，也沒有聽到過同學中對此有任何傳聞，我走上工作崗位，在與麟閣師多次個人交往，包括飯後暢談，病中傾訴中，也均未聽他提及，直到他去世後，我才偶然從外交界一個同志口裡聽說。

本色者，與算計、謀略、手段、機巧等，總是格格不入的，甚至往往本能地不屑於此。大凡以本色行世，莫不易受損折，此世之常情也。按我個人的俗見，以麟閣先生的學力與資格，他本該有更多的展現空間，有更大的活動天地，然而，他顯然沒有充分實現自己的人文學術抱負，對此，他在心底裡是否感受過遺憾與苦澀？我想是的，他這種遺憾與苦澀如果有所表露的話，那也是按照他本色的方式，表露得很本色的，至少，我親身感受過一次。那是在二十世紀八十年代，他的腿部受傷，長久未能癒合，為防止惡變之患，住進了北京醫院，我去看過他一次，和以往一樣，師徒二人促膝長談，暢達盡興，無話不敘，其中有一段話至今我想起來，仍深感其苦澀和淒清，那是他對於他未能當上法國文學研究會理事一事而發的，他那段話大致是說，自己對法國文學摯愛了一輩子，也做了不少法國文學的工作，為什麼一個區區的理事頭銜也不給自己呢？他沒有表示憤慨，也沒有埋怨，只是有點無奈，說了一句：「未免太過分了吧？」此事在我看來，的確「過分」，而且「很不像話」，學界之中竟有這種排斥異己、踐踏起碼公正原則的事，竟有如此專橫跋扈、唯我獨尊、對他人學術生命任意打殺的「家長」，簡直就令人震驚。此事的過程我略知一二，本來是有人力主郭先生以及另外一位頗有學術業績的先生應為研究會的當然理事，然而卻被「掌門人」以「他們只是法語教師，而不研究法國文學」這樣無視事實的藉口隨意否決掉了。要知道，郭麟閣譯《雅克團》，郭麟閣用法文寫作並出版了一部《法國文學史》，在本學界裡有誰能做到？而區區一頂「理事小帽」又算個什麼呢？當時，我在本學界還是一個「小媳婦」，自己頭上也懸著一條「霸王鞭」（事實上，不久之後，這鞭子就狠狠地抽將下來了），因此，除了陳述自己的意見以外，對麟閣先生遭受如此不公正的待遇實在無能為力，無可奈何，乃至後來我自己忝為「掌門人」，能夠主事，想要進行「糾偏」時，麟閣師已乘仙鶴他去，把那種鼠肚雞腸、雞零狗碎的小動作棄之不屑，遠遠拋在身後世俗的塵埃裡。

在校期間，我與郭先生並沒有什麼個人接觸，一九五七年走上工作崗位後，由於作為編輯，需要與專家學者有各種聯繫，又因為工作單位就在中關村，離北大很近，才與郭先生有了較多的來往。我曾多次去過他家在北大朗潤園那個僻靜而略帶荒蕪氣味的院子，也曾不止一次享用過他家的家常便飯，他對我一直充滿了師長一般的關懷與愛護，卻又絕無「師道尊嚴」的架勢與居高臨下的目光，倒是像平輩朋友一樣親切隨和，我感到，這也正是他心善而純樸的本色。他不僅使我獲得了為學的教益，也使我獲得了為人的感悟。後來，我的工作單位搬離西郊中關村，落座到東城邊上，我與麟閣師的來往才日漸稀少。

一九七九年十一月，我收到他寄贈給我的一本他所主編的《漢法成語詞典》，該書的扉頁上這樣端端正正寫著：「嗚九學長指正，郭麟閣於北京。」這題詞使我震驚，使我汗顏，使我實感無地自容。從各方面來說，我都是他的學生，他都是我的老師，永遠的老師，這樣的題詞我是承受不起的。然而，他卻這樣寫了。這不只是「禮賢下士」的姿態，不是士林中故作謙虛的俗套，這是一種真正的精神境界，是一種高尚的人格力量。他以其絕對的大氣，真正的虛懷若谷而愈加高遠超脫。

我珍藏著他贈送的這本書，作為一份紀念，更作為一種昭示與楷模。因為，他所做到的，很多我都沒有做到。

註釋

❶「泥腿子」，指只靠一點小聰明，從事某一行業事務。常用於對農民的蔑稱。

華老師，你在哪兒？

王蒙

在我快要滿七週歲的時候，升入當時的北平師範學校附屬小學二年級，那是一九四一年，日偽統治時期。

我至今還記得「北師附小」的校歌：

北師附小是樂園，
漢清百歲傳，
……
向前，向前，
攜手同登最高巔。

第二句「漢清」兩個字恐怕有誤，如果這個學校是從漢朝辦起的，那就不是「百歲傳」，而是一千幾百年了，大概目前世界上還沒有那麼古老的學校。

在小學一年級，我們的級任老師姓葛，葛老師對學生是採取放羊政策的，不大管，一遇到天氣冷，學校又沒有經費買煤生火爐，以至於有的小同學凍得尿了褲子（我也有一次這樣的並不覺得不光榮的經歷），葛老師便乾脆宣佈提前散學。

二年級換了一位老師叫華霞菱，女，剛從北平師範學校（簡稱北師）畢業，二十歲左右，個子比較高，臉挺大，還長了些麻子，校長介紹說，她是「北師」的高材生，將擔任我們班的級任老師。

她口齒清楚，態度嚴肅，教學認真，與葛老師那股鬆垮垮的勁頭完全相反。首先是語音，她用當時的「國語注音符號」（即ㄅ、ㄆ、ㄇ、ㄈ）一個字一個字地校正我們的發音，一絲不苟。我至今說話的發音，還是遵循華老師所教授的，因此，有些字讀得與當代普通話有別。例如「伯」，我讀「bebe」，而不肯讀「bobo」，「偵察」的「偵」，我讀為「蒸」，教室的室，我讀上聲而不肯讀去聲，等等。為「伯」「磨」之類的字的讀法我還請教過王力教授，他對我的讀音表示驚異。其實我出生就在北京，如果和真正的老北京在一起，我也會說一些油腔滑調的北京的土話的，但只要一認真發言，就一切按照華老師四十多年前的教導了，這童年的教育可真重要。

華老師對學生非常嚴格，經常對一些「壞學生」訓誡體罰（站壁角、不准回家吃飯），我們都認為這個老師很厲害，怕她。但她教課、考作業實在是認真極了，所以，包括被處罰得哭了個死去活來的同學，也一致認為這是一個比葛老師強百倍的老師。誰說小孩子不會判斷呢。

小學二年級，平生第一次作造句，第一題是「因為」。我造了一個大長句，其中有些字不會寫，是用注音符號拼的。那句子是：

「下學以後，看到妹妹正在澆花呢，我很高興，因為她從小就不懶惰。」

華老師在全班唸了我這個句子，從此，我受到了華老師的「欣賞」。

但是，有一次我出了個「難題」，實在有負華老師的希望。華老師規定，「寫字」課必須攜帶毛筆、墨盒和紅模字紙，但經常有同學忘帶致使「寫字」課無法進行，華老師火了，宣佈說再有人不帶上述文具來上寫字課，便到教室外面站壁角去。

偏偏剛宣佈完我就犯了規，等想起這一節是「寫字」課時，課前預備鈴已經打了，回家再取已經不可能。

我心亂跳，面如土色。華老師米到講台上，先問，「都帶了筆墨紙了嗎？」

我和一個瘦小貧苦的女生低著頭站了起來。

華老師皺著眉看著我們，她問：「你們說怎麼辦？」

我流出了眼淚。最可怕的是我姐姐也在這個學校，如果我在教室外面站了壁角，這種奇恥大辱就會被她報告給父母……天啊，我完了。

全班都沉默著，大家感到了問題的嚴重性。

那個瘦小的女同學說話了：「我出去站著去吧，王蒙就甭去了，他是好學生，從來沒犯過規。」

聽了這個話我真是絕處逢生，我喊道：「同意！」

華老師看了我一眼，搖搖頭，歎了口氣，厲聲說了句：「坐下！」

事後她把我叫到她的宿舍，問道：「當×××（那個女生的名字）說她出去罰站而你不用去的時候，你說什麼來著？」

我臉一下子就紅了，我無地自容。

這是我平生受到的第一次最深刻的品德教育，我現在寫到這兒的時候，心仍然怦怦然，不受教育，一個人會成為什麼樣呢？

又有一次考「修身」課，其中一道答題需有一個「育」字，我頭一天晚上還練習過好幾次這個「育」字，臨考時卻怎麼也想不起來了，覺得實在冤枉，便悄悄打開書桌，悄悄翻開了書，找到了這個育字，還自以為無人知曉呢。

發試卷時，華老師說：「這次考試，本來有一個同學考得很好，但因為一些原因，他的成績不能算數。」

我一下子又兩眼漆黑了。

又是一次促膝談心，個別談話，我承認了自己的錯誤，華老師扣了我十分，但還是照顧了我的面子，沒有在班上公佈我考試作弊的不良行為。

華老師有一次帶我去先農壇參加全市中小學生運動會，會前，還帶我去一個糕點舖吃了一碗油茶，一塊點心，這是我平生第一次「下館子」，這種在糕點舖吃油茶的經驗，我借用了寫到《青春萬歲》裡蘇君和楊薔雲身上了。

運動會開完，天黑了，擠有軌電車時，我與華老師失散了，真擠呀，擠得我腳不沾地。結果我上錯了車，我家本來在「西四牌樓」附近，卻坐了去「東四牌樓」的車，到了東四，仍然下不來車，一直坐到了北新橋終點站……後來我還是找回了家，從此，我反而與華老師更親了。

我們上學時候的小學，每逢升級，級任老師就要換的，因此，一九四二年以後，華老師就不再教我們了，此後也有許多好老師，但沒有一個像華老師那樣細緻地教育過我。

抗日戰爭勝利以後，國民黨從北平號召一部分教師去台灣任教以推廣「國語」，華老師自願報名去了，據說從此她一直在台北。

目前我得知北京師大附小的特級教師關敏卿是當年北師附小的「唱遊」教師，教過我的，我去看望了關老師。我與關老師談了很多華老師的事。關老師在北師時與華老師是同學。後來，關老師還找出了華老師的照片寄給我。

華老師，您能得知我這篇文章的一點信息嗎？您現在可好？您還記得我的第一次造句（這是我的「寫作」的開始呀）嗎？您還記得我的兩次犯錯誤嗎？還有我們一起喝油茶的那個舖子，那是在前門、珠市口一帶吧，對不對？我真想念您，真想見一見您啊。

我的語文老師

胡劍

十二歲那年，我離開父母來到嘉陵江畔一所古老的學校開始了我的中學生活。這所學校位於已有近千年歷史的蓬安縣錦屏古鎮，面對嘉陵江，背倚玉環山，是西漢辭賦家司馬相如、唐代書法家顏真卿客居為政之地。自清道光二十七年（一八四七），蓬州知事❶姚瑩在此創建玉環書院算起，這所學校已有一百多年的悠久歷史。校園內古木參天，綠草如茵，溪水潺潺，清幽靜謐，曾培養了許多有才華的學子，被譽為嘉陵江畔的讀書聖地。

記得初中的第一堂課是政治課。上課鈴響了大約五分鐘後，仍不見老師出場，剛才還鴉雀無聲的教室開始議論紛紛。這時，只見一個戴著黑邊眼鏡、腋下夾著講義的老師，一邊用手巾擦拭額上的汗水，一邊氣喘吁吁地跑進教室。他放下講義，非常客氣地對大家說：「同學們好！實在對不起，我剛剛接到教導主任的通知，因陳老師突發急病，今天的政治課臨時改為上語文。現在我們就開始上課！」

這是我上中學時除班主任之外認識的第一個老師。他叫余基銘，合川人，一九六七年七月從西南師範學院畢業後，一直在這所學校任教。他中等身材，當時剛過而立之年，一頭濃密的黑髮

1 攝於 1972 年 5 月。前排右四為余基銘老師。

梳理得井井有條，稜角分明的臉龐顯得清癯而剛毅，高高的鼻樑上架著一副深度近視眼鏡，鏡片後炯炯有神的眼睛，閃爍著睿智的目光。按現在流行的說法，是一個「帥呆了」的小伙子。

那天，余老師穿著一件深灰色的翻領夾克上裝，相對當時清一色的中山裝，無疑是一種「叛逆」。其實，余老師的「叛逆」，不僅僅表現在他的穿著上。本來，按當時的規矩，上課前大家都要畢恭畢敬地做好課前準備，然後才正式上課。但余老師在對大家簡短地說明了情況之後，就直接切入了正題。

按慣例，講課前老師還要引用一條毛主席語錄。可他引用的語錄，雖然大家耳熟能詳，卻有著特殊的含義。他說：「毛主席教導我們，『沒有文化的軍隊是愚蠢的軍隊，而愚蠢的軍隊是不能戰勝敵人的』。著名思想家培根也曾說過，『知識就是力量』，大家不是說將來要做祖國建設事業的接班人嗎？如果一個人既愚蠢又沒有力量，將來怎樣去接班呢？所以，大家一定要珍惜美好時光。要有頭懸樑錐刺股的頑強毅力，努力學習科學文化知識。」接著，他又給我們講了「鑿壁偷光」「囊螢映雪」等古人刻苦學習的故事。他的循循善誘，一下就拉近了和我們的距離。自此，我對上語文課特別感興趣。尤其是每次作文講評，那是我最得意的時候，因為余老師非常欣賞我的作文，總是把我的作文在班上唸給同學們聽，並且還經常拿到其他年級去講評。正是他的鼓勵和教誨，以及他特殊的關愛，培養了我的寫作能力和創作激情。

由於特殊的歷史背景，那時不像現在，學生報到的時候，就能領到根據教學大綱編印的課本，往往要開學很久教科書才能發下來。有時，發課本的當天老師手上還要拿著上面的紅頭文

2 （上）1974 年 12 月，余基銘老師（三排右五）與蓬安中學初中畢業班合影。

3 （下）1976 年 7 月，余基銘老師與蓬安中學團委、學生會成員合影。三排左二為本文作者。

件，叫同學們翻開書，把書中某些「有問題」的課文劃掉，再把報紙上的一些社論和評論員文章作為課文，至於所需報紙，則要同學們自己去找。

記得初中三年級的一天，由於課本中好幾篇「有問題」的課文被取消，余老師按照上級要求，正在給大家讀《光明日報》上一篇批判孔子「克己復禮」的文章。同學們大都無精打采，有的打瞌睡，有的悄聲閒聊，課堂秩序很差。我偷偷地把一本《萊蒙托夫抒情詩集》放在課桌下，專心致志地看了起來。余老師繞到我身後，卻並沒收繳我的書，又緩緩走向講台，而我卻渾然不覺。後排的同學著急地提醒我：「你今天肯定要遭批評！」下課時，余老師說：「剛才看課外書籍的那個同學，晚自習前到我寢室來一下。」傍晚，我忐忑不安地走進余老師的寢室，意想不到的是，余老師從他的書箱裡找出好幾本已經發黃的書，對我說：「我發現你在課堂上看萊蒙托夫❷為普希金而寫的抒情詩《詩人之死》。❸看來你喜歡詩歌，這幾本書都送給你。但是，以後最好不要在課堂上看。」我受寵若驚！

後來，在與余老師經常性的私下交往中我才知道，他在大學本來是學俄語的，因中蘇關係破裂，他就改行教語文了。不過，他對俄國文學一直非常喜愛。他送給我的普希金、涅克拉索夫和馬雅可夫斯基❹的詩選，以及托爾斯泰的《復活》❺和奧斯特洛夫斯基的《鋼鐵是怎樣煉成的》❻等書，都是他上大學時留存下來的。其實，余老師對當時的教育制度和某些教學內容也非常反感，但又無能為力，他只得以這種方式來關心和支持他喜歡的學生。他常對我說：「開卷有益。多讀書，多讀有用的書比成天瞎折騰好。你喜歡詩歌，愛好文學，就要廣泛瞭解和熟悉古今中外優秀的文學遺產。讀書破萬卷，下筆如有神❼嘛！」

我上高中二年級的時候，余老師調回合川老家了。此後，他相繼在合川師範、合川中學任教並擔任主要領導。他的妻子也在另一所學校任職。他們夫妻倆把家庭和事業經營得紅紅火火。在三十多年的教學生涯中，他擔任重點中學的校長達十九年，可謂桃李滿天下。作為中學特級教師，他多次獲得四川省和重慶市的先進教育工作者、優秀校長等榮譽稱號。

一直以來，我始終牢記著余老師的教誨，堅持「多讀書，多讀有用的書」。作為四川省作家協會的會員，在做好本職工作的同時，我一直堅持業餘創作，先後出版了兩本詩集。二十多年過去了，二〇〇一年的教師節，當我把散發著濃濃書香的詩集敬獻給余老師時，我看見，他親切和藹的臉上露出了欣慰的笑容！可是，當我的第三部作品出版之後，卻再也不能送到他的手上。

積勞成疾、重病纏身的余老師，退休之後一直在跟病魔做頑強的鬥爭。二〇〇五年底，余老師到美國去看望兒子回國後不久就住院了。得知余老師病重的消息，二〇〇六年五月的一個週末，我和妻子專程驅車從南充趕往重慶。那天，病床上的余老師還談笑風生地對我妻子講起我初中時的許多往事。沒想到，那次探望竟是我們的永別！二〇〇六年八月，余老師因患肺癌醫治無效，與世長辭。

恩師已逝，他的音容笑貌，在我心中留下的是永久的懷念……

註釋

❶ 姚瑩曾任蓬州知州。

❷ 米哈伊爾・萊蒙托夫，俄國作家、詩人，被看作普希金的繼承者。

❸ 亞歷山大・謝爾蓋耶維奇・普希金，俄國著名作家，被尊稱為「俄國文學之父」。一八三七年，普希金與其情敵喬治・丹特斯決鬥時受重傷而亡，為此萊蒙托夫寫下《詩人之死》。

❹ 尼古拉・阿列克謝耶維奇・涅克拉索夫，俄國詩人、作家、批評家和出版家；弗拉基米爾・弗拉基米羅維奇・馬雅可夫斯基，前蘇聯著名詩人。

❺ 列夫・托爾斯泰，俄國著名作家，代表作有長篇小說《戰爭與和平》、《安娜・卡列尼娜》、《復活》等。

❻ 尼古拉・阿列克謝耶維奇・奧斯特洛夫斯基，蘇聯作家，長篇小說《鋼鐵是怎樣煉成的》基於自身故事，描寫俄國內戰。

❼「讀書破萬卷，下筆如有神」出自杜甫《奉贈韋左丞丈二十二韻》。

我還感覺得到他的手溫

錢理群

人們一入老境，便時時有「懷舊」之想。今年以來，我就一直陷入對老師的懷念中不能自拔，總想寫些什麼，卻又不知從何寫起。而且我要坦白地承認，我最急於償還的還不是指引我走上學術研究道路的王瑤師的恩情，我要向我的一位中學語文老師獻上我的感激與懺悔。他的聲名遠沒有王瑤師那麼顯赫，他至今還默默無聞地在一間小屋裡做著生命的最後掙扎，除了少數親友、學生，人們很少談論他；但在我，他卻是挺立高山之上的傷痕纍纍的一株大樹，並時時給我以心靈的重壓……

他，便是曾在南京師範大學附屬中學、幼兒師範任教的盧冠六先生。

記得是剛進入初中二年級的那學期，班上同學風傳將要調來的語文老師是一位兒童文學作家，這在崇拜名人的中學生中自然引起了許多猜想。但久久期待後終於出現在我們面前的盧冠六先生，卻使我們有幾分失望：矮矮胖胖的身材，樸素的衣著，都與我們想像中的「作家」不大相符；只有那高度近視的眼鏡，以及時時露出的慈祥的微笑，讓人想起兒童讀物中經常出現的「講故事的老人」。但我們不敢接近他，不知道是因為敬畏還是膽怯。一次作文課上，盧老師出了「慰問皖北受災小朋友」的作文題後，按慣例在教室裡來回巡視。走到我面前時，突然停住了，指著我草稿上寫的一行字——「可惡的西北風呀，我恨你，你讓我們的小朋友挨餓受凍」——問我：「你在寫詩？」我大吃一驚，因為在我的心目中，寫詩是大人的事，與我是怎麼也聯繫不上的。連忙站起來說：「不，不，我……」大概我當時臉漲得通紅，盧老師笑了，溫和地說：「是呀，只要稍微改一改，押上韻，就像首兒歌了。」我很快醒悟過來，沒等老師走開，就急切地坐下來，心中湧動著創造的激情，手不停筆地唰唰唰寫下去。不到下課時間，一首題為《可惡的西北風》的兒歌寫成了。我興沖沖地交上去以後，就陷入了難耐的等待中。一個星期以後，作文發下來了，只略略改了幾個字，篇末竟是一大篇熱情洋溢的鼓勵之詞！我興奮得不能自持，好幾個星期都暈暈乎乎的，只是不停地寫著，寫著……終於抱著一堆「詩稿」，怯怯地敲開了先生住所的門，卻又立刻被先生房間裡堆滿的書吸引住了。先生指著桌上的書稿告訴我，他正在為上海的幾家書店編寫「革命導師的故事」及其他兒童故事。我自然不敢翻動，卻瞥見文稿上寫著「樂觀」兩個字，心裡直納悶：老師明明叫「盧冠六」，為什麼又自稱「樂觀」呢？盧老師大概看出了我的疑惑，解釋說，「樂觀」是他的「筆名」。接著又補上一句：「你將來寫文章發表時，也可以用筆名嘛！」我的臉又唰地紅了，心跳得厲害。大概就從那一刻起，我開始做起「作家、學者夢」來，一直做到今天。這在當時卻是埋在心底的秘密，不敢向任何人述說。不料有一天，盧老師突然把我和另外一位同學叫到他的辦公室裡，鄭重其事地對我們說：「你們倆合寫一本書吧！我已經與上海的書店聯繫好了，題目就叫《一個少年兒童隊員的日記》。」我簡直不敢相信自己的耳朵，衝口而出：「我們能行嗎？」老師又笑了：「怎麼不行？就跟平時寫作文一樣寫，當然，也還需要一點『虛構』『想像』。」盧老師彷彿故意不注意我們的驚喜、疑慮，只是像平時講課那樣，給我們細細地講授起創作的基本常識來。我於是在盧老師的具體指導下，如癡如醉地寫「書」了。從此，在我的面前展開了一個新的天地，我於是時時沉浸在難言的創造的發現與喜悅中。儘管這本書後來因為書店的變遷沒有能夠出版，但這創作的、也是生命的全新體驗卻永遠地刻在我的心上，讓我從此與「筆耕生涯」結下了解不開的情緣。

不知從什麼時候起，在學校老師與同學們的心目中，我成了盧老師的「得意門生」。但誰能料到，這種親密關係竟會引出災禍！記不得是一九五四年下半年，還是一九五五年上半年，學校領導突然找我談話，正色告訴我：盧老師受到審查，並且態度頑固，不肯交代問題，組織上要求我以先生最喜愛的學生的身份在大會上發言，對盧老師進行「規勸」。這對我無異晴天霹靂，對這一切，我不敢相信，卻也不能不相信。一邊是盧老師，一邊是組織，我的選擇必然是悲劇性的：我終於出現在批判盧老師的大會上。記不清我當時說了什麼，只記得在我「發言」以後，盧老師被迫站起來表態，表示「感謝同學對我的幫助」。但我卻從他偶然掃向我的目光裡，分明看出了他的「失望」。我慌忙溜了出來，並且再也不敢接近盧老師。他那失望的一瞥鞭打著我那幼稚的心靈，從此失落了少年時代的單純與快活，蒙上了抹不掉的陰影。後來盧老師調離了我們學校，只聽說他的境遇越來越壞，我卻始終沒有勇氣去看望他，卻又因此而不斷譴責自己的軟弱：這生平第一次心靈的受傷，似乎永遠也無法治癒……

以後的路是漫長而痛苦的。我時時想念被我無情無義地傷害了的恩師，卻再也沒有和他通過一次信。直到……前幾年我們在他那間破舊的小屋再見時，他已雙目失明。但他一聽見我的聲音，就立刻「認」出了我，緊緊地拉住我的手，絮絮地告訴我，這些年他如何到處打聽我的消息，彷彿已經忘記了不愉快的過去。我卻不能忘記，一邊聽老師講話，眼前浮現的卻是那難堪的一幕。老師卻看不見我悔恨的、若有所失的神情，又突然說起他當年的創作生涯：早在二十世紀二十年代末，他就寫過《自學成功者》等故事和三卷《小學劇本集》（與他人合作）；三十年代至四十年代，先後出版了《昆蟲的生活》《晨鐘之歌》《勝利之歌》等兒童故事、詩歌；五十年代，又編寫了大量兒童故事、謎語，並受教育部委託，起草了師範學校兒童文學教學大綱；直到現在，還在寫回憶性散文，收在《金陵野史》一書中……他說得這樣急切，怕我記不住，又用筆在紙上寫著，儘管字跡互相重疊，幾乎無法辨明，但他仍然塞給我，要我好好保存……看著這位從二十年代起就為中國的兒童文學事業和教育事業奮鬥不息的老人，想著我對他的傷害，我說不出一句話。拿著他手寫的創作目錄，有如捏著一團火，燒灼著我的心。我依然是「逃」了出來，老人還追在背後呼喚我「再來」……

去年的深秋，我們又見了一面：老人神志已經不甚清楚，但仍然記著我，用他乾枯的手握住我的手，久久不放。

此刻，我彷彿還感覺得到他的手溫，和他永遠賜給我的愛。而我將何以報答呢？我只能如實地寫下我的過失與悔恨，以此告訴年輕一代的朋友——

千萬不要傷害你的老師！不管用什麼形式，自覺還是不自覺，那將是永遠不能原諒的罪過！

1 壯年時的錢理群（左二）在北京大學留影

忘不了你，柳老師

馬瑞芳

「五十九分！」我瞅著帶回家的試卷，心裡直發毛。我納悶兒：老師怎麼這麼吝嗇，不肯多給一分？

「死科子（山東青州方言）！」娘見了那「59」，順手抄起掃炕笤帚，「你就只管出去瘋吧！」

我倉皇出逃。然而，逃到哪兒去呢？上哪兒去「瘋」呢？

我跑出了大門。

這是一條青石路。一出門。我就驚喜地看到一輛「洋車」，在我們這個小城罕見的自行車。我馬上忘了「後顧之憂」，跟在車後邊跑。幾個小伙伴也馬上跟在我後邊跑，一齊盯著車軲轆：

「進去吧，進去吧……進去了，哈哈！」

自行車軲轆滑進了兩塊大青石間的縫隙，騎車人摔了下來！十來個八九歲的頑童興高采烈地看著這出洋相。我興奮地滿街亂跑，招呼更多的小夥伴來看歪倒在地的「洋車」，碰掉了李大爺的枴杖，踹髒了王大娘的鞋，有個人端了飯碗從飯鋪裡出來，也給我一頭撞進懷裡！

「叭！」響聲清脆。飯碗落地。

我忙去撿飯碗。完啦！它已經成了兩瓣兒，白花花的米粒兒撒了一地。砸了人家的飯碗，外加那「五十九分」，我今天是在劫難逃啦。我垂著頭，等著飯碗主人的呵斥，淚水一個勁兒往下流。

「多髒的小臉啊！你想用眼淚洗乾淨嗎？」我聽到唱歌似的問話，同時，一隻白嫩柔軟的手擎了潔白而帶一股清香的手絹，擦拭著我的淚痕，「你的作業寫完了嗎？」

柳老師！

滿天烏雲消散！我撞的是我們自己的柳老師！一個簡直也還是孩子的老師。

她是江南人，家住在什麼州，杭州？揚州？要不就是廣州？總而言之，皮孩子們謂之「南蠻子」。她把「暖和」唸成「軟和」，將「米飯」讀作「米患」，逗得我們直樂。不過，我們都喜歡她，因為她從不訓人，還因為她長得漂亮。

「作業嘛……寫了……」我囁嚅道。我不是胡亂在石板上劃拉上了，那些個生字？

「造句呢？」柳老師笑了，細瓷般的臉蛋上浮現兩個圓圓的酒窩，「又造出一個非常通順的句子啦，『只要……就……』」

我樂了。這是我的「過五關，斬泥人」！有一年了吧，我造的句子只有一個是通順而合乎語法的，那是用「只要……就……」造的：「只要一寫作業，我就頭疼。」

「造句嘛……嗯……我家的電燈給哥哥姐姐佔了，我這沒造呢。」我強詞奪理地說。我總不能提自己那把不開的壺啊，說給轟出來了，沒寫完。

「到學校來吧？」柳老師輕聲慢語，用平等的、商量的口氣說。

說也蹊蹺，我偏偏不怕那些呵責之聲不絕於耳的老師，可就是受不了柳老師的鶯聲燕語。那簡直是軍令！雖然，我是多麼想繼續在街上「瘋」，雖然，現在並不是柳老師給我們上課，我還是得按她的話去做，到學校去，簡直神差鬼使一般。

每天晚上都有一大批學生在柳老師那兒上自習。先是在她的「閨房」上，後來，學生多了，她就把自己宿舍的電燈拉到教室裡去，每晚如此。那些頑童們，家裡沒有電燈的，或既沒有電燈又沒了燈油的，或什麼都有就是沒有寫作業的耐心的，都給柳老師招攬了來。有的學生實在不是去寫作業，而是補課。

我挺著胸脯兒大搖大擺地回家，避貓鼠兒般從家中逃出，得勝將軍樣地回來啦。

娘還在那兒盛氣逼人：「幹什麼去？」

「上——學——校！」我拖著長腔高聲回答。像擒了反叛抓住賊王一樣地理氣壯，拽起書包就走。

不大對頭吧？今天這條街。人們惶懼不安交頭接耳。

「電廠怎麼搞的！」

「中藥店那個老頭一摸開關，就……還有……」

我一邊聽著這些莫名其妙的話，一邊往小學走。路很近，一會兒就到了。

走到教室廊下，我嚇愣了。

柳老師躺在冰冷的地面上。

人們告訴我：柳老師被高壓電打死了。她從宿舍往教室拉電燈時，正巧電廠的人送錯了電，高壓電送到民用線上了。

柳老師死了？我不相信！她那溫軟的手，剛才還摸我的頭來著！你們莫不是編瞎話？甭在那兒嚼舌根！

我擦擦眼睛再往地上瞧：柳老師靜靜地躺著，雙眼緊閉，濃密的長睫毛扇面一樣，小巧的紅唇微微張開。我彷彿又聽到她的鶯聲燕語：「到學校去吧？」我覺得自己馬上要哭出聲來了。

啊，已經另外有人在那兒號啕大哭，撕心裂肺地哭。他是師範的老師，是柳老師的對象。他也是什麼州的人，因為不習慣山東的生活，曾想調回江南去，因為我們的柳老師，他也樂於在青州安身了。

一個男子漢這樣毫不害羞地哭，在平日，早受到我們這伙皮孩子的嘻笑了。可是這會兒，我們卻屏神靜氣地看著他哭。我們覺得他應當狠勁兒哭。我們尊敬他，因為他哭得這麼傷心。看著看著，我們也忍不住一陣嗚咽。

衰草枯楊的雲門山添了新墳。柳老師走了，帶走了她那朝霞般的笑靨，春風似的溫暖，還有那悅耳的吳儂軟語。

「記住這血的教訓吧！因為沒有文化科學知識，電廠才出現這樣惡性送電事故。」被我稱為「凶神」的老師語重心長地對我們說。

我記住了這句話，牢牢地記住了這位專給打「五十九分」的老師的話。奇怪的是，他那些聲色俱厲的教訓，我反而沒有記住過一句。

我要好好用功啦，為了自己長大後不再出「電廠事故」，為了我們的柳老師。

從此，我堅決地把「五十九分」拋在後邊了。歲月如白駒過隙，五年，十年，十五年，直到……

直到我可以把「五十九分」倒過來，打在我教的、中文系學生的古代文學試卷上。

現在，是我的女兒每天在那兒寫生字、造句子啦。她很乖，寫字一筆一畫，一絲不苟，哪一天的作業沒得上「甲＋」，便悵然若失。她還循規蹈矩，恪守她老師「只許週末看電視」的規定，而每當屏幕上出現一個美麗的女主人公時，《無名英雄》中的金順姬❶呀，《冷酷的心》中的莫尼克❷呀，《血疑》中大島理惠❸呀，小女兒總要歪著頭問一句：

「媽媽，她有你的柳老師美嗎？」

「沒有！」任何時候，我的回答都斬釘截鐵。

女兒天真地嗟歎：「能在電視上看到媽媽的柳老師就好了。」

我悵然。我的柳老師既非叱吒風雲的大將，也非馳名藝壇的名伶，她怎麼能留下自己的影像？她不過是三十多年前一個普普通通的小學教師，年齡不過二十歲就離開了人間，又只不過是為了給幾個頑皮孩子拉上自習的電燈。僅此而已。

使七歲的女兒大惑不解的是我們的柳老師竟是為一個電燈而死！電燈有什麼稀奇的？小朋友

們寫作業，個個都有自己的明亮的檯燈！

而我們那陣子呢？一個電燈就那麼金貴，拉來拉去，直到拉出人命來！

哦，在五星紅旗剛剛升起的歲月裡，人們是怎樣地捉襟見肘啊，而同時，又是怎樣沒有一絲雜念地，為初創社會主義添磚加瓦，以致於，僅僅為了幾個頑皮兒童晚上得到一點兒燈光，一位花朵般的南國少女，獻出了生命！

而今，在一片光明中，柳老師，你在哪裡？

註釋

❶ 北韓電影《無名英雄》攝於一九七八年至一九八一年間，導演為劉浩孫，女主角順姬由金貞花飾演。

❷ 墨西哥電影《冷酷的心》於一九六八年公映，一九七七年拍成電視劇，女主角莫妮卡皆由安赫麗卡．瑪麗婭出演。

❸ 日本電視劇《赤的疑惑》（日語：赤い疑惑，中譯《血疑》）於一九七五年播映，女主角大島幸子（山口百惠飾）之親母大島理惠，由岸惠子飾演。

難忘當年育花人

史耀增

合陽的新故事活動開始於一九六三年，陝西省群眾藝術館曾編選過一本《新故事》，收進十篇作品，其中有九篇是合陽的業餘作者創作的。農村的業餘作者們「一手拿鋤，一手拿筆」，懷著「槍桿子，筆桿子，幹革命要靠這兩桿子」的信念，積極地進行「革命故事」創作。我們且不評論它在歷史上的功過是非，給我們這批業餘作者印象最深的，是來自陝西省群眾藝術館（當時稱「陝西省工農兵藝術館」）的那些輔導老師們的和藹、親切和認真。他們循循善誘，使我們這些來自農村的青年得到了一種文學的啟蒙，受益匪淺。我們這些被稱為「泥腿子作家」的人，開頭搞創作都是憑著一股熱情，至於如何構思故事、塑造人物，則是十分茫然，老師們的輔導對我們來講，真正是「撥亮了心頭一盞燈」。

這張照片（圖1）是合陽縣舉辦完第一次創作學習班後留下的幾個骨幹和省裡輔導老師的合影，我在照片背面寫下「合陽縣革命故事業餘創作組和省工農兵藝術館呂、張二同志攝於1969.12.30縣宣傳總站」的字樣。我們四個人都有一篇被認為有基礎的作品要在老師的輔導下再做修改提高，所以被留下來。趙順是我們的老大哥，還有來自梁山腳下的王根虎，他倆都是

1 本文作者與創作學習班同學、老師合影。

一九六三年就發表過作品的老作者。而我和馬復興則是故事創作的新手，當時都是二十四歲。省藝術館的呂毅老師是《群眾藝術》雜誌的主編。第一次見面，他戴著一頂破舊的深灰色鴨舌帽，身上的外套油漬麻花，腳上的皮鞋折了好幾個口子，連鞋帶也沒繫。呂老師笑著問：「你們看我像不像個流竄犯？」逗得大家都笑起來，覺得一下子親近了許多。戴眼鏡的女老師名張素文，文質彬彬，很有修養，說話總是笑瞇瞇地輕聲細語。一九六五年在渭南開會時我就見過她。

兩位老師的輔導並不是整天和我們談稿子，而是把絕大部分時間用在和我們拉閒話上。那時縣上把文化館、劇團、電影院等文化單位編在一起，叫作「合陽縣毛澤東思想宣傳總站」，仍佔用文廟的地方，這張照片就是在文廟尊經閣前拍的。我們幾個人自己帶著被褥，住在西廂房北頭第一間。天冷，站上給了我們一個小鐵爐子，沒有煙囪，爐子老是滅，房子裡的煙嗆得人難受。但寒冷和煤煙並不妨礙交談。我們坐在床上，把被子拉開蓋住凍得冰涼的雙腳，就像農村人冬天坐在熱炕頭上一樣，談生活，談家庭，談農村有趣的人和事。張素文老師聽了有時會直笑得前仰後合，摘下眼鏡抹了一把笑出來的淚水說：「要說你是權威，這樣的權威在中國至少有六億！」她這一說，大家又笑起來。我們在小鐵爐子邊放些從家裡帶來的紅薯，火力不勻，烤得半生不熟。呂老師吃得滿嘴是黑，卻連說好吃。就在這樣的氛圍裡，老師用非常輕鬆的口吻給我們講文學創作的故事，講他們自己的創作經歷，談經驗，說教訓，我們就在這種講述中得到了潛移默化的教育。

我當時寫的故事叫《心紅骨硬》，取材於合陽獨店鄉一位老石匠的真人真事。呂老師一再叮嚀我不要受真人真事的局限，要把人物寫活。張老師具體為我輔導，教給我在方格紙上抄稿子的規矩（農村娃寫稿子都是用便宜的白紙）和校對用的符號，而且根據故事情節建議我把作品改名為《虎口拔牙》。前半部分寫得倒順手，但到了結尾，修改幾次都不滿意。呂老師見我實在無能為力，便說讓他試試。那天晚上悄悄地下起大雪，第二天一早，呂老師便喊我，說他把那個結尾修改好了，讓我們幾個聽聽行不行。呂老師一唸，大家都齊聲說好，我更是感激他。過了幾天，《陝西日報》文藝部派人來合陽，要把合陽的革命故事弄個專版，選了《虎口拔牙》和我寫的另一篇《群眾是真正的英雄》，還有馬復興創作的《戰備橋》。呂老師把我一個人叫到他住的房子裡，誠懇地說：「耀增，我有個想法，不知你同意不同意？」我說：「你只管說。」呂老師說：「《虎口拔牙》是根據你的稿子修改的，還有兩位作者也寫了同一題材，我想把你們三人的名字都署上，好給大家打打氣。」我連想也沒想便說：「我沒意見。要不是你和張老師，這篇故事就改不好。」所以後來《虎口拔牙》在《陝西日報》發表時便署上了「耀增　耀奇　生力」的名字。我至今都非常佩服呂老師為發展壯大合陽業餘創作隊伍的良苦用心，佩服他的遠見。生力（劉黨定的筆名）後來不負眾望，寫了不少好作品，成為合陽業餘故事創作隊伍中的「生力」軍。

呂老師對我可謂關懷備至，一九七〇年省上搞戲劇調演，要組織一批工農兵評論員，呂老師又推薦了我，為我提供實踐鍛煉的機會，而且別的人只觀摩一輪，卻讓我從頭至尾觀摩四輪。在西安住了四十多天，晚上看戲，白天討論，我這個「稼娃」真是大開了眼界，學了不少東西。

儘管事情已經過去了三十多年，呂老師早就撒手人間，而我天生愚鈍，到底沒有叩開文學殿堂的大門，但我從心底裡感激呂老師、張老師這些為幼苗澆水施肥的人，他們不計名利、甘於奉獻、為農村孩子費盡心血的精神使我感受到了一種人間真情。

我的老師譚其驤

葛劍雄

譚其驤，字季龍，籍貫浙江嘉興，一九一一年二月二十五日出生於奉天（今瀋陽）皇姑屯車站，一九九二年八月二十八日病逝於上海。著名歷史學家、中國歷史地理學的主要開創者，中國科學院地學部院士，復旦大學教授、歷史系主任、中國歷史地理研究所首任所長。

一九二六年秋，譚其驤考入上海大學社會系，不久就加入共青團，積極投入革命活動，還參加了中國共產黨領導的上海工人第三次武裝起義。「四一二」政變後，上海大學被封閉。暑假後，譚其驤考入上海暨南大學中文系，次年轉入外文系，又轉入新成立的歷史社會系，於一九三〇年夏畢業。圖1是他與同學黃永標（左）、史猛（右）合拍的畢業照，也是目前能找到的他最早的照片。他在歷史社會系的同學是江應樑、陳源遠、許震球、刁煥國，但當年畢業的僅他一人，所以還是與中文系的同學合照的。

一九三〇年秋，譚其驤進入燕京大學，師從顧頡剛。一九三一年九月，譚其驤對顧頡剛講的「《尚書》研究」課中「漢武帝十三部」提出質疑，在顧頡剛的鼓勵和引導下獲得圓滿結果，也激發起他對沿革地理的興趣。一九三二年一次偶然的機會，使他成為輔仁大學「中國地理沿革史

1 1930年夏，譚其驤（中）的大學畢業照。右為史猛，左為黃永標。

2 （上）1957 年 8 月攝於青島湛山寺前。中為顧頡剛，左為譚其驤。

3 （下）1983 年全國首批文科博士學位授予儀式，導師譚其驤（中）與首批兩位博士葛劍雄（右）、周振鶴（左）合影。

的講師，以後先後在燕京、北大、清華任教。一九三四年二月，顧頡剛邀譚其驤合編《禹貢》半月刊，又發起籌建「禹貢學會」。

侯仁之雖與譚其驤同年，但上學晚，當時還是燕京大學本科生，聽過譚其驤的課，畢業後成為顧頡剛的研究生，後留校工作。抗戰勝利後留學英國，師從歷史地理學家達比，獲地理學博士學位。一九五七年，時任北京大學地理系主任的侯仁之應科學出版社之約主編《中國古代地理名著選讀》，邀顧頡剛註釋《禹貢》，譚其驤註釋《漢書・地理志》，八月他們一起至青島避暑寫稿。其間三人同遊湛山寺，留下這張照片（圖2）。六十四歲的顧頡剛興致勃勃，還與這兩位四十六歲的學生一起下海游泳。

一九七八年高校恢復研究生招生，周振鶴、楊正泰、顧承甫、周曙與我有幸成為譚其驤指導的研究生。一九八二年三月，周振鶴與我被譚其驤招為博士研究生，我已留校工作，是在職生。一九八三年八月，我們經教育部特批提前畢業，通過博士論文答辯，成為我國首批文科博士。十月，復旦大學為我們舉行學位授予儀式，國務院學位委員會一位副主任專程來校參加，謝希德校長為我們頒證，朱東潤教授代表導師致辭。會前，《解放日報》記者為譚其驤與周振鶴（左）、我（右）照了這張相（圖3）。

當時我們都沒有西裝，我穿的是前幾年做的嗶嘰中山裝。周振鶴家在湖南，住研究生宿舍，臨時向同學借了一件毛料中山裝。此前幾位獲得理科博士學位的同學，因為去人民大會堂參加由國務院總理頒證的儀式，由學校每人補助一百元做了一套西裝。

我心中的老師——于漪老師二三事

王厥軒

每次從報刊雜誌上看到于漪老師的文章、照片，我便會感奮起來，想起她的許多往事。

我上高中，是一九六三年，那是個光華燦爛的年代。老師那時三十七八歲，微瘦，短髮齊耳，顯得很精神。她時時用溫柔的目光看人，使人感覺一種溫暖的親近感。

她的課很吸引人。上語文課是我們最喜愛的，她一進教室，只需說上幾句，我們的心便給她抓住了。隨著她的思路，我們殫思竭慮，口讀手寫；當然，那也是一種頗含快意的、歡悅的精神享受。

中學生有旺盛的求知慾，很容易為掌握淵博學識的老師折服，一旦自己沒想到的給老師想到了，自己想到了說不清楚的為老師繪聲繪色地講了出來，便會有一種得到知識後的滿足。

于老師在我們心目中，是極有學問的。她的每句話，我們都極用心地聽；她介紹看的書、文章，要我們背的詩篇，我們都是照著做的。老師不但在語文方面有深厚的功力，在音樂、繪畫、戲劇等方面也有很好的修養。有時她在課上分析文學作品，常能用藝術上十分在行的語言進行剖析，使人感覺著感情上的貼近。課餘，我們都喜歡擠到她身邊，聽她談論古今中外、天上人間，聽她評說某部作品的優劣；講到排球、足球、乒乓，她甚至能用體育愛好者的語言與我們交談，在我們心裡，真是激起無比的歡悅。老師常說：「作為語文教師，要熱愛生活、熱愛人生，對世上所有美的東西都感興趣。」這些話，深深銘刻在我們心間，培植了我們對生活、對人生的熱愛和追求。

十五六歲的少年往往喜歡把自己看作成熟的人，喜歡在老師面前顯露，彷彿飽有學識，滿腹經綸。老師常給我們講「滿招損、謙受益」，教育我們下苦功學習。我們學習《賣炭翁》，為白居易精練、優美的語言吸引時，老師便介紹白居易年輕時如何「晝課賦，夜課書，間又課詩，不遑寢息矣。以至於口舌成瘡，手肘成胝」；學習《張衡傳》時，老師要我們複述張衡在天文、曆算、算術、文學、歷史、政治諸方面的突出功績，當我們為張衡這樣的奇才連連讚歎之時，老師用大字板書：「衡雖才高於世，而無驕尚之情」，從中，我們體味了學問浩瀚如大海，學無止境，永不能滿足的道理。老師還給我們講老藝人練幼功的故事，他們在台上一句唱腔，一個招式，都經過「夏練三伏、冬練三九」，千錘百煉；老師還講起過王安石寫的《傷仲永》，「神童」方仲永七歲「指物作詩，立就」，但其父親「日扳仲永環謁於邑人，不使學」，長大以後「泯然眾人矣」。這些，都給我們留下極深的印象。我們懂得了要做一個於社會有益的人，就須抓緊青春年少之時，不斷學習，勤學苦練，鍥而不捨，如此，方能日精月進，有所成就。

為了把學生教會教好，老師執著地探索語文教學的「地獄之門」。她講究教法而不拘泥於固定的方法，著眼於實際效果。我們跟她學了三年，發現老師不斷地改變教學的路子。最初，老師在講解上下了功夫，她和顏悅色的教態，清晰有條理的思路，妙趣橫生、活潑生動的談吐，好像是信手拈來而實在是深思熟慮的語言，真是非常吸引人。以後，老師注意啟發學生思維，開啟學生的心靈。她根據記敘文、說明文、議論文、文言文以及文學作品的不同特點，摸索教學方法。有的課她運用「點撥法」，有的課運用「質疑法」；她或者深文淺教，或者淺文深教，或者長文短教，或者短文進行反覆推敲。她上課從無固定教法，總是隨著不同的課文而變化。上她的課總是感覺時間過得飛快，印象很深。教學中，老師注意進行經久的持續的耳濡目染，讓學生逐步掌握寫景敘事，佈局謀篇的技巧；用課文中高尚的人、高尚的思想與我們交談，在學生的心靈上鐫刻深深的印痕。

許多聽過她課的人，都為她精深明達的思想觀點，清晰有條理的剖析，紛至沓來的妙語雋句所感染，而我們這些做學生的，都知道這裡浸透了老師的心血。她每天工作、學習得很晚，星期天、節假日也都撲在工作上。她教每篇課文都寫教案，如今成了特級教師，仍像剛畢業的師範生那樣，教案寫得清清楚楚，一筆一畫。她經常寫「教後記」，把白天刻印在腦子裡的課堂教學中遇到的新問題記下來。她管這工作叫「一登一陟一回顧」，「一登一陟」，站得高，眼界開闊，「一回顧」，看到自己所走過的路，信心增添，抖擻精神登攀高峰。我想，老師的教學所以受眾人稱讚，唯其深入，才能淺出；唯其深入研討，課堂上才能言簡而意賅，收豁然貫通之效果。

同老師接觸久了，就能清楚發現：她不僅始終微笑著，讓我們感到和藹可親，更可貴的是有著一顆純真、正直的心。她熱愛黨，對所從事的教育事業竭盡忠誠，甘願一輩子樂育英才。她愛事業，集中地體現在滿腔熱忱地愛著學生。在中學三年，常能看到她泡在班裡，瞭解學生的語文知識、語文能力、學習方法、興趣愛好；經常與學生交談，瞭解思想，關心生活與健康。老師就像母親一樣，待我們一片真心。哪位學生病了，她心裡就會不安，不管怎麼忙，總要抽出時間前往探望。學生再小的事，她卻看得很重。有位同學患了沙眼，自己還不當回事，老師心裡一直念著，有次去市裡開會，老師抓緊中午的間歇時間，匆匆去藥房買眼藥水。一九六八年，我們有一批同學去崇明農場，有的同學家庭經濟困難，老師悄悄地解囊相助。

老師尊重學生、愛護學生，還表現在對學習、品德都比較差的學生的關懷上。聽說過這樣一件事，很是感人的。老師帶過一個班，班裡有個同學，偷、搶、打架樣樣都來，同學們恨他，家長嫌棄他。他經常從家裡逃出，數星期顛沛流離在外。老師想盡辦法找著了他，把他帶到自己家裡，給他吃、睡，白天還把家裡的鑰匙交給他，請他管家。晚上回來，給他講歷史上英雄人物的故事。把生活的理想，做人的責任，像隨風飄灑的細雨，涓涓滴滴潤進這位學生的心裡。一顆枯萎的心復活了。聽說，他以後當了兵，還入了團。

雖然離開學校已經十六七年了，我們這些學生，還常常去看她。歲月，在老師的兩鬢染上點點白霜；經受過寒風暴雨，她的身體愈益地顯得衰弱，但老師仍像年輕時一樣，在學校講台上津津有味地講著課，在家裡的書桌上不息地埋頭書寫著。她沒有奢望，時時想到的，是為培養接班人多做點事，為探索語文教學領域的「地獄之門」，甘願做被天火燻烤的普羅米修斯。

我敬愛我的老師——于漪同志。

王瑤先生

郭小聰

多少年過去了，有關我的導師王瑤先生的一件事還記憶猶新。

我是王瑤先生招收的最後一屆碩士學位研究生，被稱為「關門弟子」。一九八四年五月初，臨近畢業的時候，我去中央黨校找王瑤先生。他當時正在為編大百科全書的事兒住在那裡。我的碩士論文《論抗戰時期國統區詩歌》不久前已經轉給他看了，不知他能不能首肯。據說要是導師這一關通不過，論文答辯時學位就很難拿到了。

不能說我對自己的論文沒有信心，但一九八三年九月，在北大鏡春園七十六號王瑤先生家裡匯報論文準備情況時發生的事一直讓我憂心。當時我們三個研究生，直直地並排坐在客廳一張長沙發上，像小學生似的。每次到王先生家我們都是這種姿勢，這差不多成了我們對王瑤先生敬畏之情的某種象徵。王瑤先生銜著煙斗坐在右側的一張單人沙發上挨個聽我們匯報，有時插話發問，也看不出有什麼表情。隔著茶几坐在我們對面的是錢理群老師，他是我們的師兄，畢業後一直作為王先生的助手照管我們的學業。他似乎也有點為我們緊張。

我最後一個匯報，也記不清自己說些什麼了，因為事實上我還沒怎麼準備，這並不是有什麼

1 照片前排左七起：王瑤、吳組緗、王力、季慎淮。

不可抗拒的原因，只能說暑假裡我不可思議地沒有進入臨戰狀態。吭吭哧哧匯報完後，王瑤先生生氣了。他確實是應該生氣的，但沒想到他生氣得這麼厲害。他皺著眉頭指著兩位師弟用濃重的山西口音對我說：「他們兩個的問題是匯報太詳細，你倒好，什麼都不說，看來什麼都沒準備。好，我問你，《射虎者及其家族》這篇長詩的作者是誰？」要是靜下心來想一想我或許回答得出作者是「力揚」，可是讓王先生這猛地一問我也懵了，驟然緊張的氣氛使人麻木，這時看到對面的錢理群老師在悄悄提示我，那口型好像是「張」，我就順著張姓詩人的路子去想了，結果當然是張冠李戴，張口結舌，回答不出。王瑤先生真火了，掂著煙斗嚴厲地批評了我，別的話我沒記住，最有震撼力的幾句是說別看系裡有的老師喜歡你，你要是這個樣子，論文在我這裡就通不過。

走到院子外，兩位受到表揚的師弟陪著我臉色鐵青。我雖然哈哈自嘲道剛準備十來天就敢來哄王先生，結果還沒哄得過，但心裡也沉甸甸的，感受到前所未有的壓力。接下來的八個月裡，我不敢怠慢地投入到搜集材料、歸納論點、撰寫論文的工作中。因為我的論文選題是詩歌，王瑤先生委託謝冕老師擔任我的指導教師。王先生對我們的論文提出的總體要求是：一、字數限在二萬字以內；二、如無充分理由論題應是綜合性的，宏觀研究某一時期的文學現象或文學流派；三、論文質量要達到在國家級學術刊物上發表的水平。這個要求對我來說就像是樹立了一個有些可望而不可即的標桿，但我知道，無論怎樣艱難也要日夜兼程達到，否則後果自負。

在半年多的時間裡，我撰寫論文的實際能力有了明顯提高，對搞科研的嚴謹性有了切身體會。我從幾個大圖書館手抄了幾十萬字的原始資料。論文第一稿時註釋部分才二十幾條，錢老師說這怎麼行？於是第二稿引例註釋一下子增加到一百二十幾條，我從中體會到論點、論據結合的奧妙。謝冕老師指導我歸納論文的論點，把鬆散紛紜的感悟放到特定的時代背景中整合出一個整體來。通過撰寫要求嚴格的論文，我對寫作本身有了新的感悟——直感在寫作中一向是可貴的，但過去我習慣於把直感作為文思的泉源直接傾瀉出來，一般愛搞點創作的人似乎都脫不了這個路數，但越寫文思奔騰的力量越小。而現在寫論文就越來越體會到應該把直感作為思想的亮點深入開掘下去，最後變成有說服力的論點。這和搞文藝創作是兩股勁兒，但養成沉思默想的思維習慣，即使搞創作也會受益無窮。宏觀研究的訓練則使我養成了全盤觀照的意識、眼光和能力，也使我痛感到知識面必須不斷開闊。事實上從今天看來，如果沒有佔據過宏觀的高度，也就很難準確地和有氣魄地把握和透視微觀。

在黨校見到王瑤先生後，我很想馬上知道王先生是否看過我的論文，但又不敢直接問，王先生很忙，也很敏銳，我的話剛繞到一半他就直截了當但又口氣挺和緩地告訴我：你不要來催嘛，我現在還沒看完，過幾天再告訴你意見好嗎？沒得到確切答案令我心焦，但王先生的和藹態度又讓我抱有希望。幾天後，我終於得到了王先生的回音，令我意外的是書信的形式，王先生的意見是豎行書寫在兩張橫格信紙的背後，更令我意外的是王先生一開頭竟稱呼我是「小聰同志」：

小聰同志：

您的論文我大體看了一遍，有些字句間的意見已用鉛筆寫在旁邊。總的印象是文章有些比較新穎的觀點和論述……

王先生的這封信當時令我震動，我想到了我的論文可能被批駁，甚至可能被退回，但就是沒想到王先生會對自己的學生這麼客氣，不但用「您」相稱，而且總是用謙和的口氣說「希望您」「這個意見僅供您考慮」「我覺得照您的思路看，還不如……」，好像我不是個正在為拿學位的事忙得團團轉的普通學生，而是個什麼有資格的人物，可以跟王先生平起平坐地討論問題似的。而從信的內容看，王先生的口氣又像是一位耐心的語文教師，幫我一一糾正寫作上的毛病，教導我，作家的理論主張並不一定即與其創作完全一致，不能以作者的「論點概括他的創作特色」，又告誡我，「注文必須說明，既有篇名，又有書名，注文的編號須每頁自為起訖」，還提醒我，「文字上仍須推敲，有些句子過長，我用鉛筆加的符號請注意」，等等。這是封從師生關係上來說多麼客氣、多麼少見的書信呀！尤其是出自人人敬畏的王瑤先生之手，當時我受寵若驚，若有所悟。但那時我還年輕，壓力也重，還來不及細細品味，我當時最強烈的感覺是如釋重負，知道我的論文在王先生那裡算通過了，於是便投入緊張的論文修改、打印和答辯準備工作中。

這麼多年過去了，王瑤先生的這封信至今讀了也仍令我驚訝和感動，「小聰同志……」，當初是多麼可怕的警告，最後又是多麼感人至深的大度和謙和，而且是在根本用不著客氣的人面前小聪同志：

您的论文我大体看了一遍，有些字句间的意见已用铅笔写在旁边。总的印象是：有些比较新的观点和论述，但文章概括力不强，材料运用不严格，似乎「鸟瞰」或宏观「全景」的面貌还显得比较模糊。但现在再很难作大的改写了。希望您在打印之前，再尽可能地推敲、改动一次，特别注意以下各点：(一)既然分阶段阐述发展变化，则文中「初期」、「前期」、「相持阶段」等总须有大体起讫时间，特别在引用作品时，就不能引用不是那个阶段的作品，总之，必须使时代特点比较清楚，因为这是您立论的根据。(二)注文必须详明，既有篇名，又有书名。注文的编号须每页自为起讫。因为是脚注，故第二页仍须由①开始。(三)作家的理论主张并不一定即与其创作完全一致，不能以作者的「论点」概括他的创作特色。(四)文章从「总体」立论，着重在「主流」，但创作面貌十分复杂，有时须于叙述时对其它支流有所涉及或照顾。(五)最后一段总结性文字须着重写。(六)按照规定，论文前需有一张「提要」，概述主要内容和论点，不超过千字。

我觉得照您的思路看，还不如把题目中的「抗戰时期」改为「四十年代」较好。因为您对抗战初期诗歌论述过简，也非重点；而又延伸到

2　王瑤先生手跡

的大度和謙和。現在我想我明白了，真正震懾我的不僅是王先生的令我受寵若驚的客氣，而且是客氣背後對所有人一視同仁的尊重，是尊重中體現出來的真正有教養的學者氣質，是這種學者氣質中必然應該被發現的真誠、睿智、自信和謙遜。當這樣的學者做學問時，他最不會有的毛病是做作。當這樣的學者成為導師時，他不懂也蔑視玩人於股掌之上的權威把戲。他善以待人的長者風範是真的，因而也是美的，怨不得學生們總是津津樂道王先生的嚴厲，因為生活在使人感到高尚的人周圍，喜怒哀樂也會像大海起伏的呼吸一樣自然而有趣。也許，正是所有這些因素，才形成了王先生信中那獨特優雅的行文風格。當初這種優雅震懾了我，今天也令我默默回味和緬懷。

但遺憾的是，當年我們這屆研究生似乎被自己的驚畏之情拘束住了，加上當時擔任中國現代文學研究會會長的王瑤先生學術活動也非常繁忙，我們在校時和王先生深入、個別接觸的機會並不多，畢業後也就沒有自然而然地融入王先生的亦師亦友的學術圈子中，以至於顯得拘謹而遲鈍……但是直到今天，我也一年又一年地在課堂上跟學生們講王瑤先生當年告誡我們的話：只有學校老師才能最無所顧忌地指出自己學生的缺點和不足，以便及時改正。直到今天，我也希望能以王先生信中的那種優雅風格來處理與學生的關係，在校時盡力不誤人子弟，離校後各自行雲流水，保持著精神上的熱誠、自由和達觀。我想，導師和學生之間最本質、最純粹的關係不應是精神上的心心相印嗎？最出色的回報不應是試圖青出於藍而勝於藍嗎？我曾看到過費孝通先生的一篇文章，頗有所感，文中說他的老師潘光旦那一代知識分子看重的是怎樣做人才對得起自己，而不是怎樣才在人前有面子，甚至圖實利而不顧面子，所以「就可以明白上一代人裡邊為什麼有

3 弟子為王瑤先生（前排左三）慶賀七十壽辰時合照

那麼多大家公認的好人」。我認為我的導師王瑤先生就是那樣的「好人」，他的導師朱自清先生、聞一多先生也是那樣的「好人」。作為他們的學生，我想，我們這一代知識分子也應該像他們那樣努力做一個在精神上「對得起自己」的「好人」。如果今天的教育成果不是首先培養出這樣的「好人」，那麼我們是什麼？